AF297678

MAURICE ORDONNEAU & HENRY KÉROUL

L'ONCLE CÉLESTIN

OPÉRETTE EN TROIS ACTES

MUSIQUE DE

EDMOND AUDRAN

PARIS

LIBRAIRIE THÉATRALE

14, RUE DE GRAMMONT, 14

1895

L'ONCLE CÉLESTIN

OPÉRETTE REPRÉSENTÉE POUR LA PREMIÈRE FOIS
A PARIS, SUR LE THÉATRE DES MENUS-PLAISIRS, LE 24 MARS 1891

L'ONCLE CÉLESTIN

OPÉRETTE EN TROIS ACTES

DE

MM. MAURICE ORDONNEAU ET HENRY KÉROUL

MUSIQUE

DE

M. EDMOND AUDRAN

PARIS

LIBRAIRIE THÉATRALE

14, RUE DE GRAMMONT, 14

—

1895

DISTRIBUTION

PONTAILLAC. . . . . MM. Vandenne.

GUSTAVE. . . . . Verneuil.

MOREAU . . . . Montcavrel.

DES ACCACIAS. . . . . Vavasseur.

GONTRAN DES ACCACIAS . . . . Ternet.

Maitre RATINET, notaire. . . . . . . F. Constance.

Maitre FALEMPIN, notaire . . . . . Jacquier.

NARCISSE. . . . . Vidal.

Un saltimbanque . . . . Delaborie.

HORACE. . . . . Mlles Heuzey.

ANDRÉ . . . . Durer.

SOSTHÈNE . . . .

PAMÉLA PONTAILLAC. . . . . Mlle Yvonne Stella.

CLÉMENTINE, sa fille. . . . . . . Mme Augier.

Mme DES ACCACIAS. . . . . Mme Fanny Génat.

Mme DE BELLEFONTAINE. . . . . . Mlles J. Dupré.

LÉA. . . . . Meynadié.

EUGÉNIE . . . . Tessier.

BERTHE. . . . . Carel.

CÉCILE . . . . Blanche.

FLEUR DE BICEPS . . . . Montcharmont.

L'ONCLE CÉLESTIN

ACTE PREMIER

Un grand salon du faubourg Saint-Germain. Ameublement riche. Portraits de famille grotesques aux murs. A gauche, vu de profil, un piano droit. A droite une cheminée avec du feu, un coffre à bois. Porte au fond, portes latérales.

SCÈNE PREMIÈRE

CLÉMENTINE, PONTAILLAC, PAMÉLA, NARCISSE
COUTURIÈRES, VALETS DE CHAMBRE, FEMMES DE CHAMBRE

(Au lever du rideau, les couturières, valets de chambre et femmes de chambre, sont en train d'essayer un habit rouge au baron, un costume grotesque à Paméla et piquent des fleurs dans les cheveux de Clémentine.

CHŒUR

Ah! qu'ils sont bien!
Par l'élégance chacun brille,
Oui, c'est ainsi que l'on s'habille,
C'est bien certain,
Au noble faubourg Saint-Germain,
Chic... maintien... Il ne manque rien.
Ah! qu'ils sont bien!

PAMÉLA, PONTAILLAC, CLÉMENTINE

Chic, galbe, il ne nous manque rien,
Nous sommes si bien,
Oui. vraiment bien!

CHOEUR DES HOMMES
Tournez-vous, monsieur le baron.

CHOEUR DES FEMMES
Tournez, madame la baronne.

LES HOMMES
Peut-on avoir un plus grand ton!

LES FEMMES
Plus de cachet dans sa personne.

LES HOMMES
Tournez-vous, monsieur le baron!

LES FEMMES
Tournez, madame la baronne.

PONTAILLAC, PAMÉLA, CLÉMENTINE
Chic, galbe, il ne nous manque rien, etc.

PONTAILLAC
Mais vous nous avez assez admirés, maroufles! Qu'on nous laisse!

PAMÉLA
Et que l'on soit tout à la soirée que nous donnons au dessus du panier de l'*Almanach de Gotha!*

CLÉMENTINE
Et vous, venez achever ma coiffure...

CHOEUR
Par l'élégance chacun brille, etc.

(Ils sortent.)

SCÈNE II
PONTAILLAC, PAMÉLA

PONTAILLAC, se pavanant.
Nous avons vraiment grand air ainsi, n'est-ce pas, baronne?

PAMÉLA, s'éventant avec un mouchoir en dentelle.

Mais oui, baron! on voit que nous sommes de la haute! Mâtin! (Se prélassant dans un fauteuil.) Ah! nous sommes mieux ici que dans votre petite étude de Corbeil.

PONTAILLAC

Chut! vous n'avez pas besoin de crier sur les toits que j'ai été avoué à Corbeil! Il n'y a plus ici qu'un noble gentilhomme, le baron de Pontaillac. (Montrant les tableaux.) Entouré de ses nobles aïeux, qui ont dû guerroyer en Palestine! mais il ne s'agit pas de tout ça... Savez-vous le morceau que vous devez jouer ce soir à nos invités?

PAMÉLA

Pas encore, je vais repasser la chose!

PONTAILLAC

Pas encore! Et voilà huit jours que je vous ai acheté ce magnifique instrument! (Il montre le piano.)

PAMÉLA

Dame! huit jours pour apprendre le piano, ce n'est pas trop.

PONTAILLAC

Un piano ordinaire, possible, mais un piano mécanique!

PAMÉLA, se dirigeant vers le piano.

Pour avoir l'air inspiré et naturel, c'est encore du travail. Baron, remontez la mécanique. (Elle se place au piano.)

PONTAILLAC, prenant un prospectus dans le piano.

Attendez que je relise le prospectus! (Il lit.) « Prendre la clef suspendue dans l'intérieur du piano. »

PAMÉLA, la prenant.

La voilà!

PONTAILLAC, lisant.

« L'introduire dans le trou *ad hoc*. » (Il prend la clef.) « Tourner. » (Il remonte le piano avec un bruit de grincement.) Attention... le moment devient solennel... baronne! faites marcher vos doigts négligemment sur le clavier, appuyez fortement sur la pédale.

PAMÉLA

Pour le faire partir.

PONTAILLAC

Et les flots harmoniques du *Beau Danube bleu* vont jaillir impétueusement. (Il bat la mesure. Paméla s'apprête à jouer. Clémentine entre.)

SCÈNE III

LES MÊMES, CLÉMENTINE

CLÉMENTINE, entrant avec étonnement.

Tiens, maman encore au piano?

PAMÉLA, se levant et fermant le piano avec embarras.

Oui, depuis quelque temps je travaille beaucoup cet instrument.

PONTAILLAC

Ta mère n'apprend que depuis huit jours, et elle joue déjà comme Paganini.

CLÉMENTINE, riant.

Elle est douée! (A part.) Pauvre maman! si elle croit que je n'ai pas deviné sa petite comédie.

PONTAILLAC

Clémentine, à partir d'aujourd'hui, nous entrons dans le high-life parisien.

CLÉMENTINE

Et tout ça, grâce aux deux millions de l'oncle Célestin.

PONTAILLAC

Vous avez la rage de ne parler que de cet aubergiste du Point-du-Jour, à l'auberge du *Lapin sauté!* Comme c'est distingué!

CLÉMENTINE

Pas distingué, possible! n'empêche qu'il était joliment
bon pour nous, l'oncle Célestin, quand nous allions chez
lui, autrefois; j'étais toute petite et je me souviens de lui
comme si c'était d'hier.

PONTAILLAC

Il était assez laid.

CLÉMENTINE

Couplets.

I

Il aurait fait piteuse mine
Je ne dis pas dans les salons,
Mais fallait l'voir à la cuisine
Entouré de ses marmitons...
Le bonnet d'coton sur l'oreille,
Ses lunettes sur ses yeux gris,
Comme il grattait les salsifis,
Comme il vous épluchait l'oseille!

Ah! dans ces moments-là,
Qu'il était beau, papa,
L'œil illuminé, la figure
Rayonnante au feu de la friture,
Quand il faisait un miroton
Il avait quelqu'chos' d'Apollon...
Ah! dans ces moments-là,
Qu'il était beau, papa!

II

Le cœur sur la main, très honnête,
Il jouissait d'un grand renom;
Du Point-du-Jour à la Villette,
Du pont d'Grenelle à Charenton:
On v'nait chez lui d'la France entière,
Et quand on d'mandait un lapin,
On était sûr, chez Célestin,
De n'pas manger de chat d'gouttière!

Ah ! dans ces moment-là,
Qu'il était beau, papa,
L'œil illuminé, la figure
Rayonnante au feu d'la friture,
Quand il criait : Boum ! Godiveau !
Vite à l'as un'tête de veau !!
Ah ! dans ces moments-là,
Qu'il était beau, papa !

PONTAILLAC

Mais il ne s'agit pas de tout ça ! Seras-tu à la hauteur de notre nouvelle situation ?

CLÉMENTINE

Mais je ne sais pas, papa.

PAMÉLA

Paraît qu'il faut le faire à la pose, mon enfant.

PONTAILLAC

Noblesse oblige... surtout quand on a deux millions.

PAMÉLA, protestant.

Quand on a !... pardon !... nous n'avons encore rien palpé.

PONTAILLAC

Baronne ! Vous ne renoncerez donc jamais à vos manières de nièce de gargottier.

CLÉMENTINE

Heureusement que le notaire nous a fait une forte avance.

PONTAILLAC

Mais causons d'autre chose. (A Clémentine.) Ma fille, tu as dix-huit ans... nous te donnerons un million de dot. Ce qu'il te faut, c'est une alliance noble... un mari de ton rang.

CLÉMENTINE

Est-ce que ce serait ce petit vicomte dont vous me parlez si souvent, par hasard ?

PAMÉLA

Le vicomte des Accacias, justement.

PONTAILLAC

Il vient à notre soirée avec son noble père.

PAMÉLA

Et son auguste mère... nous te présenterons.

CLÉMENTINE

Mais je ne l'aime pas votre des Accacias.

PAMÉLA

Qu'en sais-tu ? Tu ne l'as jamais vu !

PONTAILLAC

Attends au moins de le connaître !

PAMÉLA

Mais allons surveiller les derniers préparatifs de a soirée... je vais voir au buffet.

PONTAILLAC

Moi, aux vins fins. (A Clémentine.) Si on annonce quelqu'un, fais-nous prévenir.

CLÉMENTINE

Soyez tranquilles.

(Pontaillac et Paméla sortent à gauche et à droite.)

SCÈNE IV

CLÉMENTINE, puis GUSTAVE

CLÉMENTINE

Me marier avec un autre que Gustave ! Ah ! mais non, par exemple !... je lui ai écrit le danger, à Gustave... et il ne m'a même pas répondu ! Qui sait ? Il m'a peut-être déjà oubliée !...

GUSTAVE, à la porte du fond.

Elle est seule, je puis entrer... Clémentine ?

CLÉMENTINE

Gustave !

GUSTAVE

Ma cousine !

CLÉMENTINE

Mon cousin ! Je savais bien qu'il viendrait !

GUSTAVE

Enfin ! Je vous retrouve, ma petite Clémentine ! Ça ne pouvait pas durer comme ça plus longtemps ! Après votre départ, j'ai voulu combattre ma fatale passion, j'ai essayé d'oublier...

CLÉMENTINE

Vous avez eu tort !

GUSTAVE

Je me suis offert, tous les soirs, au café du Cheval blanc, jusqu'à des deux cafés... avec gloria... pour m'étourdir, rien n'y a fait... alors, quand j'ai vu que mon mal était incurable... j'ai dit adieu à l'étude. J'ai quitté le successeur de votre père... j'ai liquidé ma situation... vendu mes codes et je me disposais à venir chercher une place à Paris quand j'ai reçu votre lettre.

CLÉMENTINE

Alors, vous n'avez fait ni une ni deux... Vous avez sauté dans le train... et vous voici ?

GUSTAVE

Comme vous le dites... ma cousine, et puis je ne suis plus sans le sou, à présent, ma marraine s'est exécutée... elle me donne vingt-cinq mille francs.

CLÉMENTINE

Vingt-cinq mille francs !

GUSTAVE

Mais ce rival dont vous me parlez ?

CLÉMENTINE

Oh ! pas bien dangereux... j'ai vu sa photographie ! Un singe !... Seulement, vous savez, papa est si entêté !

GUSTAVE

Est-ce qu'il voudrait vous forcer?

CLÉMENTINE

Me forcer à l'aimer?... Est-ce que l'amour se commande? Tenez... je voudrais me forcer moi-même à ne pas vous aimer, Gustave?... Eh bien! je ne le pourrais pas !...

GUSTAVE, tendrement.

Ma Clémentine! (Il la prend dans ses bras.)

Duetto.

I

CLÉMENTINE

L'amour, ô mon cousin Gustave,
Voyez-vous, ça n' se command' pas!

GUSTAVE

De l'amour mon cœur est esclave,
A Paris, tout comme là-bas!

CLÉMENTINE

L'amour, ô mon cousin Gustave,
Voyez-vous, ça n' se command' pas!

ENSEMBLE

Mais tout d' même,
Quand on s'aime,
On a joliment
D' l'agrément;
L'âme est forte,
L'on supporte
Les p'tits ennuis à deux
Beaucoup mieux.

II

CLÉMENTINE

Peut-on empêcher Juliette
D'adorer son cher Roméo.

GUSTAVE

Roméo, lui, rien ne l'arrête,
Il suit Juliette au tombeau.

ENSEMBLE

Oui, tout d' même,
Quand on s'aime, etc.
(A la fin du duetto, Gustave embrasse Clémentine.)

SCÈNE V

LES MÊMES, PONTAILLAC, puis PAMÉLA

PONTAILLAC, entrant de droite.

Gustave?... ici?...

GUSTAVE

Je vais vous dire, mon oncle.., j'étais en train de causer
avec ma cousine.,. ça va bien ? (Il lui tend la main.)

PONTAILLAC, mettant ses mains dans ses poches.

Vous appelez ça causer?... Vous embrassiez Clémentine.

PAMÉLA, entrant de gauche.

Hein? Qui embrassait Clémentine? (Apercevant Gustave.)
Comment, lui... ici! il est enragé, ce petit!

GUSTAVE

Bonsoir, ma tante! (Il veut l'embrasser.)

PAMÉLA

Bonsoir! Bonsoir! Ah çà! comment avez-vous pu nous
dénicher?

GUSTAVE

Oh! un hasard... je vous expliquerai cela, ma tante!
(On sonne à la cantonnade.)

PONTAILLAC, tout effaré.

Nos premiers invités! vite, notre pose convenue! Ayons
l'air de gens distingués! (Il se pose d'une façon grotesque.)

GUSTAVE, étonné.

Hein?

PONTAILLAC, à Gustave.

Fais comme moi! (Gustave prend la même pose que Pontaillac; —
à Paméla et à Clémentine.) Vous, de la grâce et de la noblesse!
(Paméla et Clémentine se posent comiquement.)

PETIT CHOEUR

Tenons-nous bien, voici quelque invité,
Ou notre effet serait raté!

SCÈNE VI

Les Mêmes, NARCISSE

NARCISSE, paraissant au fond.

Madame la baronne, c'est le glacier.

TOUS, désappointés.

Ah!

NARCISSE

Il demande s'il faut aussi des sorbets?

PAMÉLA, avec humeur.

Il ne faut rien du tout! qu'il nous fiche la paix... et
vous aussi!... (Narcisse sort en s'inclinant.)

PONTAILLAC

C'est un petit contretemps... Reprenons. (A Gustave.)
Qu'est-ce que tu viens faire ici?

CLÉMENTINE, bas à Gustave.

Chaud! Chaud! Soyez éloquent!

GUSTAVE

Je viens dans l'espoir de vous attendrir. Écoutez-moi
mon oncle.

PONTAILLAC

Qu'est-ce qu'il me veut encore?

GUSTAVE

Mon oncle, ma marraine me donne vingt-cinq mille francs de dot.

CLÉMENTINE

Oui, papa, vingt-cinq mille francs.

GUSTAVE

Et je viens vous demander la main de Clémentine.

Mélodie.

Vous dire quand l'amour commence,
Quand son doux émoi prend naissance,
J'en serais bien embarrassé...
Ce que je sais bien c'est que j'aime
Et que plein de ce trouble extrême
Mon cœur n'en est jamais lassé...

PONTAILLAC, parlé, à part.

Il a vingt-cinq mille francs. Écoutons-le jusqu'au bout !

GUSTAVE

Hélas ! quand celle qu'on adore
Est ravie un jour à vos yeux (bis)
Le ciel perd sa riante aurore (bis),
L'oiseau son chant délicieux !

CLÉMENTINE

Oh ! comme il s'exprime bien !

GUSTAVE, continuant.

Sans ma tourterelle si chère,
Tourtereau triste et solitaire,
Je ne saurais vivre ici-bas.
Vous prendrez pitié de ma peine,
Vous n'aurez pas l'âme inhumaine,
Mon oncle, vous ne l'aurez pas !..

Voilà pourquoi de ma cousine,
De ma cousine Clémentine,
Je viens vous demander la main;
Vous aurez pitié d'un cousin
Qui vient vous demander la main
De sa cousine
Clémentine !

PONTAILLAC

As-tu vu jouer *Ruy-Blas ?*

GUSTAVE

Oui... au grand théâtre de Corbeil.

PAMÉLA, à part.

Pourquoi lui parle-t-il d'Alexandre Dumas?

GUSTAVE

Mais quel rapport ?

PONTAILLAC

Eh bien ! ton amour pour Clémentine est aussi insensé
que celui de *Ruy-Blas* pour la reine d'Espagne.

CLÉMENTINE

Mais, papa, je ne suis pas la reine d'Espagne.

GUSTAVE

Alors vous hésitez toujours à me donner Clémentine ?

PONTAILLAC

Je n'hésite pas, je refuse !

GUSTAVE

Ah !

CLÉMENTINE

Vous voulez donc faire le malheur de votre fille ?

GUSTAVE, à Paméla, se frappant sur la poitrine.

Mais vous n'avez donc rien là ?

PAMÉLA

Insolent !

GUSTAVE

Ce n'est pas ce que vous croyez...

CLÉMENTINE

parle du cœur, maman.

PONTAILLAC

Sortez, misérable, je vous chasse.

CLÉMENTINE

Papa !

GUSTAVE

Soit ! on s'en va ! (Se boutonnant tragiquement.) Mais je sais ce qui me reste à faire.

CLÉMENTINE

Je devine... (Avec un cri.) cousin, vous allez vous suicider...

GUSTAVE, à Pontaillac et à Paméla.

Non ! Je vais crier sur les toits que vous n'êtes que des parvenus. (Il remonte.)

PONTAILLAC, à part.

Sur les toits, ça m'est égal... on n'entendra pas !

GUSTAVE, redescendant.

Je dirai partout que vous n'êtes qu'un petit avoué de province. (Il remonte.)

PONTAILLAC

Hein !

PAMÉLA

Retiens-le ! (Bas à Pontaillac.) C'est qu'il le ferait comme il le dit.

PONTAILLAC, à part.

Le mieux est de mettre les pouces, provisoirement.

CLÉMENTINE

Je vous en prie, Gustave.

PONTAILLAC

Satané Gustave, va !

PAMÉLA

Quelle soupe au lait !

CLÉMENTINE

Se monte-t-il !

PONTAILLAC, se calmant.

Eh bien ! voyons, si vous êtes bien sage...

GUSTAVE, vivement.

Vous consentiriez ?

CLÉMENTINE

A lui redonner ma main ?

PONTAILLAC

Je ne dis pas non... nous verrons. (On sonne à la cantonnade.)
Les Acaccias, sans doute, vite notre pose n° 1.

GUSTAVE

Encore ?

PONTAILLAC

Faites donc comme nous ! Viens donc... toi !
(Ils prennent une pose comique.)

PAMÉLA

Et ne bougeons plus.

CLÉMENTINE

Comme chez les photographes.

Chœur.

Tenons-nous bien, voici quelque invité
Ou notre effet serait raté !

SCÈNE VII

LES MÊMES, NARCISSE et MOREAU

MOREAU, à la cantonnade.

Vous lui direz que c'est M. Moreau.

(Pontaillac et Paméla sursautent.)

PONTAILLAC

Moreau, ce maraîcher si vulgaire, l'ami de Célestin, nous n'y sommes pas!

CLÉMENTINE, protestant.

Oh! papa!

PONTAILLAC

Trop tard!

MOREAU, entrant par le fond un paquet sous le bras.

Fichez-moi la paix avec vos salamalecs! On ne se gêne pas avec moi. (Tendant la main à Pontaillac.) Pas vrai, ma vieille?

CLÉMENTINE, bas à Gustave.

Ma vieille! ça va mal tourner!

PONTAILLAC, gêné à Narcisse.

Laissez-nous, Narcisse. (Narcisse sort.)

MOREAU

Bonjour tout le monde et la compagnie... ça va bien, les enfants? (Il embrasse Clémentine et serre la main à Gustave.)

CLÉMENTINE et GUSTAVE

Ce bon monsieur Moreau!

MOREAU, à Paméla.

Serviteur, madame Pontaillac. (Paméla ne répond pas.) Eh bien, qu'y a-t-il? Ah! oui, j'oubliais... Vot' larbin vous donne du M. le baron et Mᵐᵉ la baronne.

PONTAILLAC

Mais nous le sommes.

PAMÉLA

Nos aïeux. (Elle montre les portraits de famille.)

CLÉMENTINE, à part.

Vingt-cinq francs la paire à l'hôtel Drouot.

MOREAU, examinant les portraits.

Ah! c'est vos aïeux, ces vieilles frimousses-là!

PAMÉLA, noblement.

Des aïeux qui ont festoyé en Palestine!

PONTAILLAC, la reprenant.

Guerroyé en Palestine!

MOREAU

Ah! c'est dans le Midi, ça? Enfin, n'importe! Pour lors,
v'là la chose. Je vous apporte un petit souvenir...

CLÉMENTINE, joyeuse.

Un souvenir de notre oncle!

PAMÉLA, à part.

Je me méfie.

MOREAU

J'ai retrouvé son buste à ce digne homme, qu'un grand
sculpteur lui avait fait pour dix mois de pension. Je me
suis dit qu'il serait mieux chez ses parents, et je vous l'apporte. (Il découvre le buste. On aperçoit Célestin en bonnet de coton
avec des boucles d'oreilles.)

PONTAILLAC, scandalisé.

Un bonnet de coton!

PAMÉLA

Des boucles d'oreilles!

MOREAU

Bah! il est aussi joli que toutes ces binettes-là! (Il montre
les portraits de famille.)

CLÉMENTINE, examinant le buste.

Comme il est ressemblant!

GUSTAVE

Il faut le mettre sur la cheminée.

MOREAU, plaçant le buste.

C'est ça... à la place d'honneur!

PONTAILLAC, à part.

Pour que nos invités le voient et nous demandent des
explications, jamais de la vie!

NARCISSE, entrant au fond.

Madame la baronne, voici les invités.

PONTAILLAC

Mes invités! (A Moreau.) Dites donc, sans cérémonie, si vous
désiriez vous rafraîchir?

PAMÉLA, vivement.

Oui... par ici, la cuisine, non, la salle à manger!

MOREAU

Ne vous dérangez pas pour moi! je n'aime pas les façons,
mon vieux camerluche. (Il s'installe dans un fauteuil.)

PONTAILLAC, à part.

Camerluche!

CLÉMENTINE, à part, riant.

Quand le faubourg Saint-Germain va entendre ça!...

PAMÉLA, vivement à Moreau, le faisant lever.

Alors... mettez-vous devant la cheminée et n'en bougez
pas. (A Clémentine.) Faites-le rester là!

CLÉMENTINE

Bien, maman !

GUSTAVE

Bien, ma tante !

PONTAILLAC, poussant Moreau.

Allez ! c'est l'usage du grand monde. (A part.) Il masquera le buste.

MOREAU, debout devant la cheminée, à part, étonné.

Quel drôle d'usage !

PONTAILLAC, agité.

Et maintenant notre pose n° 1.

MORÉAU

Qu'est-ce que c'est que ça ?

PONTAILLAC

Faites comme moi ! (Il prend une pose comique que prennent les autres personnages.)   Musique de scène.

SCÈNE VIII

Les Mêmes, Madame de BELLEFONTAINE, Monsieur et Madame DES ACCACIAS, GONTRAN, Invités, Invitées

NARCISSE, annonçant.

M. et Mᵐᵉ des Étangs-Secs, M. et Mᵐᵉ de la Haute-Futaie, M. et Mᵐᵉ de Clique-en-Bourgeon, M. le comte des Accacias, Mᵐᵉ la comtesse des Accacias, M. le vicomte Gontran des Accacias.

DES ACCACIAS

Et comment va, cher baron ?

MADAME DES ACCACIAS

Et vous, chère baronne ? (A Clémentine.) Et vous, chère belle ? (Elle l'embrasse.) Mais au fait, vous ne connaissez pas notre fils ? (Le présentant.) Gontran.

DES ACCACIAS

Vicomte des Accacias.

MADAME DES ACCACIAS, bas.

Salue donc!

GONTRAN

Mademoiselle ! (Il salue comiquement.)

CLÉMENTINE

Monsieur. (Elle salue froidement et va auprès de Gustave, à part.)
Sucre de pomme, va !

PONTAILLAC, à part, examinant Gontran.

Quelle grâce !

PAMÉLA, à part, examinant Gontran.

Quel cachet !

GUSTAVE, à Clémentine.

Quel drôle de monde !

NARCISSE, annonçant sur la musique de scène.

Mme de Bellefontaine.

PAMÉLA

Cette chère Bellefontaine ! (On va au-devant d'elle.)

DES ACCACIAS, désignant Moreau et Gustave, bas.

Quels sont ces messieurs ?

PONTAILLAC, à part.

Ah! diable! (Présentant Gustave.) M. Gustave de Panissol, un
petit-cousin sans importance.

GUSTAVE, à part.

Comment! sans importance ! (On le salue froidement.)

MADAME DE BELLEFONTAINE, désignant Moreau.

Et l'autre ?

PONTAILLAC

Devant le buste? (Se reprenant.) Non... devant la pendule ..
c'est... c'est un gentilhomme.

PAMÉLA, bas.

Un gentilhomme campagnard.

PONTAILLAC, bas.

Riche propriétaire de la Beauce.

MADAME DE BELLEFONTAINE

Il est tout à fait fin de siècle.

PONTAILLAC

M. de Moreau.

MOREAU, à part, abruti.

Comment... de? (Il salue gauchement et veut s'éloigner.)

CLÉMENTINE, tirant Moreau par son vêtement.

Restez là!

MADEMOISELLE DE BELLEFONTAINE

Je connais beaucoup la Beauce, monsieur.

MOREAU

Vraiment, madame la comtesse! (A part.) Crelotte, la superbe créature!

DES ACCACIAS, à Paméla.

Je vous annonce, baronne, notre prochain départ pour
l'Italie.

GONTRAN, à Clémentine.

On ne peut pas, dans notre monde, n'être pas à Naples
au mois de novembre.

CLÉMENTINE, ironiquement.

On ne le peut pas! On pourrait même y aller plus tôt,
vicomte! (A part.) Attrape, mon bonhomme. (Elle va vers
Gustave.)

GUSTAVE, à Clémentine.

Bien dit, cousine !

GONTRAN, à part.

Elle m'envoie promener.

PONTAILLAC, à des Accacias.

En effet, on ne le peut pas ! Nous irons avec vous en Italie !

DES ACCACIAS, à part.

Diable ! nous qui disons cela pour la forme et qui restons chez nous. (Haut.) Mais... certainement, baron.

MADAME DE BELLEFONTAINE

C'est un bien beau pays, la Beauce !

MOREAU, goguenard, quitttant la cheminée.

Un peu plat, madame la comtesse ! j'aime mieux quelque chose de plus accidenté ! (Il porte une botte en plein poitrine à la comtesse.)

MADAME DE BELLEFONTAINE, froissée.

Monsieur de Moreau !

MOREAU

J'ai été un peu loin !

PONTAILLAC, s'interrompant.

Ne faites pas attention, madame la comtesse ! vieille habitude de gentilhomme campagnard. (Bas à Moreau.) Retournez donc à la cheminée.

MOREAU

Ah ! oui ! l'usage du grand monde ! (Il se place devant la cheminée.)

PONTAILLAC, vivement.

Nous allons faire un peu de musique. (A part.) Pendant ce temps, il ne fera pas d'impair.

TOUS

Ah ! (On s'assied.)

MOREAU, à part, quittant la cheminée.

Elle me va, moi, cette femme-là ! Je vais m'asseoir auprès d'elle.

PONTAILLAC, courant à la cheminée et prenant le buste, à part.

Animal ! Où le fourrer ? Ah ! sous ce fauteuil ! (Il le place sous un fauteuil.)

MOREAU, offrant son bras à la comtesse.

Mame la comtesse veut-elle me permettre ? (Il lui donne le bras.) Crelotte ! C'est doux ! On dirait une peau de lapin !

MADAME DE BELLEFONTAINE, à part.

Il est charmant !

MOREAU, lui présentant le fauteuil sous lequel Pontaillac a mis le buste.

Si madame la comtesse veut s'asseoir ?

PONTAILLAC, ahuri, se précipitant.

Pas ce fauteuil-là ! (A part.) Trop tard !

MADAME DE BELLEFONTAINE, voyant le buste.

Tiens ! Qu'est-ce que c'est que ça ?

PONTAILLAC

Rien ! un petit banc ! (Il prend vivement le buste, le donne à Clémentine.) Sur la fenêtre, vivement !

CLÉMENTINE

Bien, papa ! (Elle porte le buste sur la fenêtre et la referme sans être vue.)

DES ACCACIAS

Et qu'allez-vous nous jouer, chère baronne ?

LE BARON, s'adressant à tout le monde.

Le *Beau Danube bleu !*

PAMÉLA, à Pontaillac.

C'est drôle ! J'ai peur !

PONTAILLAC, bas à Paméla.

Le piano est remonté... prends un air inspiré, ça ira tout seul.

PAMÉLA

Je réclame l'indulgence, j'ai eu à peine le temps de déchiffrer. Clémentine, ma musique !

CLÉMENTINE

Voilà, maman !

LE BARON

Le *Beau Danube bleu !*

(Paméla se met au piano. Le piano joue le « Beau Danube bleu ».)

TOUS, après les premières mesures.

Charmant ! adorable !

PONTAILLAC, se levant.

Il n'y a que huit jours qu'elle apprend. (Il se rassied.)

MADAME DES ACCACIAS, se trémoussant sur sa chaise, bas à des Accacias.

Oh ! cette valse ! Ce qu'elle m'énerve !

PONTAILLAC

Qu'a donc madame des Accacias ?

DES ACCACIAS

Rien, un peu de migraine.

MOREAU

La chaleur sans doute, je vais ouvrir la fenêtre.

PONTAILLAC, à part, se précipitant.

Sapristi ! le buste !

MOREAU, qui a ouvert.

Célestin, là ! (Il prend le buste.)

PONTAILLAC

Donnez-moi ça. (Il le prend, bas à Clémentine.) Vite dans le coffre à bois.

CLÉMENTINE, bas.

Bien, p'pa ! (Elle met le buste dans le coffre à bois.)

MADAME DES ACCACIAS

Oh ! ce *Beau Danube!* Je sens que je vais avoir mes vapeurs.

DES ACCACIAS

Ah ! non ! par exemple ! vite des sels... du vinaigre.

PAMÉLA, au piano, bas.

Clémentine, les sels dans mon armoire.

CLÉMENTINE

Mais, maman, je ne trouverai pas.

PAMÉLA, bas.

Attends, j'y vais moi-même. (Elle se lève.)

PONTAILLAC, bas.

Mais tu ne peux pas t'en aller, le piano jouerait tout seul.

PAMÉLA, bas.

Clémentine, remplace-moi. (Clémentine se met au piano et joue.)

PONTAILLAC

C'est ça ! (Il frappe dans les mains de M⁰ᵉ des Accacias.)

DES ACCACIAS

On dirait qu'elle a des frissons.

MOREAU

C'est le froid, je vais mettre une bûche dans la cheminée. Voilà le coffre à bois. (Il va vers le coffre à bois.)

PONTAILLAC, criant, ahuri.

Pas par là ! (Il se précipite, mais pas assez tôt, Moreau a ouvert le coffre et y a trouvé le buste.)

MOREAU, prenant le buste.

Encore lui ?

PONTAILLAC, furieux, le lui prenant.

Ah! mais, vous allez me ficher la paix à la fin! (Il ouvre le couvercle du piano et y fourre le buste.)

GUSTAVE, bas à Clémentine.

Dites-moi que vous m'aimez toujours, Clémentine?

CLÉMENTINE, lâchant le piano.

Oh! oui, mon cousin!

PONTAILLAC

Elle a lâché le piano! (Il va s'y mettre.)

DES ACCACIAS.

Mais arrêtez donc!

PONTAILLAC, avec désespoir.

Je ne peux pas! C'est nerveux.

MADAME DES ACCACIAS

Ah! cette musique! cette musique! (Elle trépigne.)

PAMÉLA, rentrant.

Voilà le flacon! (Elle va le faire respirer à Clémentine.) Eh bien! comtesse, ça va mieux?

MADAME DES ACCACIAS.

Mais oui, comtesse... pardon d'avoir été un trouble-fête!

DES ACCACIAS, froissé.

Mais tu n'as rien troublé du tout... Ils ont continué leur petite machine comme si de rien n'était.

MADAME DES ACCACIAS, bas à son mari.

N'ayons pas l'air vexé.

GONTRAN

Ça ferait manquer mon mariage! (Le piano cesse de jouer. Pontaillac se lève.)

MADAME DES ACCACIAS

J'ai été privée du plaisir de vous entendre. J'espère que vous allez nous jouer autre chose.

PAMÉLA, vivement.

Ah! non!

CLÉMENTINE, à part.

Remontons le piano! (Elle va au piano et le remonte. Bruit de crécelle.)

TOUS

Qu'est-ce que c'est que ça?

PONTAILLAC

Rien! Rien!

CLÉMENTINE

La poignée du piano... quand c'est neuf... ça grince

DES ACCACIAS

La comtesse des Accacias va nous jouer quelque chose.

MADAME DES ACCACIAS

Je veux bien.

LES PONTAILLAC

Sapristi!

PAMÉLA

Vous devez être fatiguée?

MADAME DES ACCACIAS

Mais non!

PAMÉLA, PONTAILLAC et CLÉMENTINE

Mais si!

CLÉMENTINE, à part.

piano qui est remonté!

GONTRAN

Qu'est-ce que tu vas nous jouer, maman?

PONTAILLAC, PAMÉLA, GUSTAVE et CLÉMENTINE

Le *Beau Danube bleu!*

GONTRAN et DES ACCACIAS, à part.

En voilà assez!

MADAME DES ACCACIAS, s'installant au piano.

L'ouverture de *Guillaume Tell!*

DES ACCACIAS, battant la mesure.

Une... deux... trois... Vas-y, chère amie, et mets les pédales. (Mme des Accacias fait marcher ses doigts. Le piano joue le « Beau Danube bleu ».)

DES ACCACIAS, ahuri.

Mais... (Les invités se regardent interloqués.)

MADAME DES ACCACIAS, ahurie.

Cependant... (Elle se lève, le piano continue toujours.) Qu'est-ce que c'est que cela?

TOUS

Qu'est-ce que c'est que cela?

MADAME DES ACCACIAS

M'expliquerez-vous?

PAMÉLA, ahurie.

Je vais vous dire.

PONTAILLAC, ahuri

La baronne joue souvent le *Beau Danube bleu.*

CLÉMENTINE

Alors... le piano.... tout seul...

GUSTAVE

L'habitude!

MADAME DES ACCACIAS, se trémoussant.

Il ne s'arrêtera donc jamais?

DES ACCACIAS, même eu.

J'ai des fourmis dans les jambes!

GONTRAN

C'est le mouvement perpétuel!

PONTAILLAC, à part.

Eloignons-les! (Haut.) Si ces dames veulent aller au buffet?

TOUS

Oui, au buffet! (Chantant.) Tra la, la...

(Le piano va toujours. Emportés par le rythme, les invités se trémoussent d'abord sur place, puis, peu à peu, s'en vont en dansant et en chantant le « Beau Danube bleu ». Gustave danse avec Clémentine, Mme de Bellefontaine avec Moreau, des Accacias avec une invitée, Mme des Accacias avec un invité, Gontran avec une demoiselle. Tous sortent en dansant, sauf Pontaillac qui s'assied sur le piano comme pour l'arrêter et Paméla qui, à la fin, se met à danser machinalement sur place.)

SCÈNE IX

PONTAILLAC, PAMÉLA, puis NARCISSE, puis FALEMPIN, puis CLÉMENTINE

PONTAILLAC

Ouf! Je n'en puis plus! (Il se laisse tomber dans un fauteuil.)

PAMÉLA

Toutes ces émotions m'ont brisée!

NARCISSE, entrant avec une carte sur un plateau.

Pour M. le baron. — Très urgent.

PONTAILLAC, inquiet.

Très urgent!

PAMÉLA, inquiète.

Qu'est-ce que ça peut être?

PONTAILLAC, lisant.

« Maître Falempin, notaire. Communication de la der-« nière importance. »

PAMÉLA

Le notaire... à pareille heure!

2.

PONTAILLAC

Faites entrer, Narcisse.

NARCISSE, annonçant.

Maître Falempin, notaire !

CLÉMENTINE

Le notaire ! Qu'est-ce qu'il veut ?

(Falempin entre. — Narcisse sort.)

FALEMPIN, entrant et saluant.

Madame la baronne, Monsieur le baron ! Mademoiselle.

PAMÉLA

Maître Falempin, ma fille !

PONTAILLAC

Prenez donc la peine de vous asseoir, Monsieur le notaire.

PAMÉLA

Nous vous écoutons.

FALEMPIN

Vous avez cru, et je pensais comme vous, que l'oncle
Célestin n'avait pas laissé de testament, d'où vous héri-
tiez !

PAMÉLA

Eh bien ?

FALEMPIN

Il en a laissé un, trouvé ce soir dans ses papiers.

PONTAILLAC, d'une voix étranglée.

Et !...

FALEMPIN

Vous avez les deux millions.

PONTAILLAC et PAMÉLA, avec un soupir de soulagement.

Ah !

FALEMPIN

Mais à une condition.

PONTAILLAC

Raide ?

FALEMPIN, tirant un papier de sa serviette.

Voilà ! (Musique en sourdine à l'orchestre. — Il lit.) « Je lègue ma fortune se montant à deux millions à Saturnin-Nicolas-Stanislas Pontaillac, et à ma nièce Paméla-Aldegonde Pontaillac, née Célestin, à la condition qu'ils prouvent jusqu'à l'évidence qu'ils ne méprisent plus les petites gens comme moi, qu'ils ont, de mon vivant, exclu de toutes les relations de famille. »

PONTAILLAC, d'une voix étranglée.

Et alors ?

FALEMPIN, lisant.

« Pour que les sentiments de mes héritiers à cet égard ne puissent êtres suspectés, ils devront dans le délai d'un mois après ma mort, et ce, pendant six mois, exercer la profession d'aubergistes. »

PONTAILLAC, avec explosion en se levant.

Gargottiers, nous !

PAMÉLA, même jeu.

Jamais de la vie !

Quatuor-Bouffe.

PONTAILLAC, PAMÉLA, CLÉMENTINE, se levant ahuris.

Aubergistes ! gargottiers !
Il a dit gargottiers !
Monsieur le notaire,
Vous divaguez, j'espère,
En venant nous proposer
Le métier
De gargottier.

PONTAILLAC

Vous vous trompez, mon cher maître,
Vous devez avoir mal lu !

LE NOTAIRE, vexé.

Diable ! je sais lire peut-être
Et n' suis pas un hurluberlu !

PONTAILLAC, PAMÉLA, CLÉMENTINE

Gargottiers ! Gargottiers !

PAMÉLA, prenant le notaire par le bras et le menant devant le tableau
représentant une grosse douairière.

C'est mon aïeule, elle est de Pontaillac,
De Mouillenbac, de la souche des Fouillensac,
    Louis le Hutin prisa fort ses attraits,
    Dois-je rougir devant elle ? Jamais !
            Jamais !

PONTAILLAC, prenant le notaire par l'autre bras et le menant devant un
tableau représentant un prés'dent à mortier.

Voyez sa lèvre et ce pli de dédain,
C'est mon cousin, il descend d'Olivier le Daim !
    Ternir sa gloire, avilir ses hauts faits,
    N'attendez pas cela de moi, jamais !
            Jamais !

CLÉMENTINE, même jeu, le menant devant un jeune homme avec un nez
énorme.

Et celui-là, voyez donc de quel nez
Il est orné, c'est un jeune homme empoisonné !
    S'il s'allongeait encor, Dieu quels regrets !
    Ah ! tourmenter ce pauv' jeune homm', jamais !
            Jamais !

FALEMPIN

Alors, vous refusez ?

PONTAILLAC

Irrévocablement !

CLÉMENTINE, à part.

Quelle idée ! Six mois sans voir les des Accacias, ça nous
ferait gagner du temps. Papa n'y penserait plus et je
pourrais épouser mon cousin... Il faut qu'ils acceptent !

(Haut.) Oui, Monsieur le notaire, nous refusons... Nous retournerons en province!

LE BARON, à part.

Quitter Paris! Déjà!

CLÉMENTINE

Papa reprendra son étude d'avoué... Il recommencera à travailler, il se refera une clientèle! Quant à maman, elle donnera des leçons de piano. -

PONTAILLAC

Ce sera du joli! (Refroidi.) En réfléchissant bien, si on pouvait transiger.

PAMÉLA

Six mois seulement dans une auberge...

PONTAILLAC

C'est si vite passé.

CLÉMENTINE, à part.

Ils y viennent.

FALEMPIN

Acceptez donc!

PONTAILLAC

Voyons! nous pourrions peut-être prétexter cet été un voyage en Suisse.

PAMÉLA

Et aller au *Lapin sauté*.

CLÉMENTINE, à part.

Allons donc! (Haut.) C'est une idée!

FALEMPIN

Cet été... ce serait trop tard. (Lisant.) « Les héritiers devront servir dans mon auberge dans le délai d'un mois, heure pour heure. » Et comme ce délai expire à minuit, et qu'il est dix heures...

PAMÉLA

De sorte que si dans deux heures...

PONTAILLAC

Nous ne sommes pas au *Lapin sauté*..

FALEMPIN

Vous aurez perdu les deux millions.

PAMÉLA

Mais nos invités! Il faut un prétexte!

CLÉMENTINE

Nous le trouverons.

FALEMPIN

Alors vous acceptez?

PONTAILLAC, avec un soupir.

Il le faut bien. (Il sonne.) Mais c'est égal, c'était un drôle de bonhomme, votre Célestin.

NARCISSE, entrant.

Monsieur le baron a sonné ?

PONTAILLAC

Oui. Donnez vite nos manteaux, nos valises.

PAMÉLA

Nos chapeaux.

CLÉMENTINE.

Nous partons!

NARCISSE, ahuri.

Bien, mademoiselle ! (Il sort.)

FALEMPIN

Monsieur le baron, Madame la baronne, Mademoiselle, à l'honneur de vous revoir. (Il salue.)

PONTAILLAC, PAMÉLA et CLÉMENTINE, saluant.

Au revoir ! au revoir ! au revoir ! (Ils l'accompagnent jusqu'au fond de la scène.)

SCÈNE X

LES MÊMES, moins FALEMPIN, NARCISSE, MARIETTE, puis
GUSTAVE, DES ACCACIAS, MADAME DES ACCACIAS,
MOREAU, GONTRAN, INVITÉS, INVITÉES

NARCISSE, entrant par la gauche, apportant le chapeau, le pardessus, la
canne de Pontaillac, une valise.

Voilà, monsieur.

PONTAILLAC

Aidez-moi vivement. (Narcisse l'aide à s'habiller.)

MARIETTE, apportant les manteaux, les chapeaux des dames.

Voilà, mesdames.

CLÉMENTINE, aidant sa mère à s'habiller.

Allons, maman, prestissimo !

GUSTAVE

Où allez-vous ?

CLÉMENTINE.

Pas le temps de vous expliquer, venez avec nous.

PAMÉLA

Et nos invités !

CLÉMENTINE

Baste ! un prétexte quelconque, je m'en charge !

PONTAILLAC, prenant sa valise.

Et d'abord, cachons Célestin. (Il prend le buste dans le piano
et le met dans la valise.)

PAMÉLA

Et maintenant, mes enfants, filons !

PONTAILLAC, apercevant les invités.

Trop tard !

Finale.

DES ACCACIAS, MADAME DES ACCACIAS, LES INVITÉS

(1er GROUPE), entrant.

Oh ! que veut dire ceci ?
Que faites-vous ici ?

INVITÉS (2e GROUPE), MOREAU, MADAME
DE BELLEFONTAINE

Ah ! que veut dire ceci ?
Que veut dire ceci ?

CLÉMENTINE, avec embarras.

Nous partons pour la Suisse, nous partons.

TOUS

Vous partez !... Ils sont bons !

CLÉMENTINE

Nous partons !

TOUS

Ce départ brusque et vif
Est bien intempestif,
Partir ainsi, pourquoi ?

CLÉMENTINE, embarrassée.

Pourquoi ?

TOUS

Pourquoi ?

CLÉMENTINE, parlé.

Ah ! c'est juste ! vous voulez savoir ! C'est bien simple.

CLÉMENTINE, avec embarras.

I

Vous voulez savoir pourquoi
Nous vous quittons aussi vite ;
Vous avez raison, ma foi,
Et je m'en vais tout de suite

Vous dire qu'il est des cas,
Des motifs très légitimes...
Je le dis sans embarras,
A quoi bon conter des frimes !...
On part, c'est le départ,
Si l'on est retard
On est en faute, car,
Il faut, puisque l'on part,
Eviter tout retard,
On pourrait manquer le départ!

CHŒUR

On part, c'est le départ, etc.

CLÉMENTINE

II

De ce que je dis ici,
Vous voyez bien l'importance,
Je mets les points sur les i,
Vous avez saisi, je pense;
Dans ce cas particulier
Que nul mot ne peut traduire,
Il est cent à parier
Qu'avec nous vous allez dire:
On part, c'est le départ, etc.

TOUS, en mettant paletots et manteaux que les domestiques leurs mottent
de force.

On part, c'est le départ, etc.

(Grande animation. Les Pontaillac partent avec leurs valises. Les invités,
stupéfaits, s'en vont en levant les bras au ciel.)

RIDEAU

ACTE DEUXIÈME

L'AUBERGE DU « LAPIN-SAUTÉ » AU POINT-DU-JOUR, A AUTEUIL

Une grande salle d'auberge. Deux portes à droite et deux portes
à gauche. Entre les deux portes de droite, un comptoir.
Trappe de cave au milieu. Tables chaises, etc. Une toile, au
fond, représente le viaduc du Point-du-Jour et la Seine.

SCÈNE PREMIÈRE

LÉA, EUGÉNIE, BERTHE, CÉCILE, demoiselles de magasin ; LÉON,
HORACE, SOSTHÈNE, ANDRÉ (travestis), commis de magasin.
CONSOMMATEURS, SALTIMBANQUES, hommes et femmes LUT-
TEURS, CAPITAINE de bateau-mouche, puis PONTAILLAC, GUS-
TAVE, PAMÉLA ET CLÉMENTINE.

(Les consommateurs, attablés, demandent à boire.)

CHŒUR

Ousqu'on trouve le meilleur vin ?
C'est chez l'pa, chez le papa Céleste,
Ousqu'on boit le meilleur vin,
C'est chez l'pa, le papa Célestin,
Ses fricandeaux à l'oseille
Et ses gib'lott's de lapin
Dans l'univers font merveille
Même que ça se chante en refrain
Célestin !
Célestin !
C'est la maison sans pareille
Où l'on est à merveille
Allons-y donc un brin.

Y en a pas d'mieux pour les veaux à l'oseille
Et les gib'lott's de lapin,
Vive son vin !
Ses gib'lott's de lapin !

(Pontaillac et Paméla paraissent en aubergistes. Pontaillac sort par la trappe avec une chandelle à la main et un panier de bouteilles. Il a une barbe grise. Paméla, avec une perruque rousse et des lunettes, sort de gauche ; Gustave, en garçon d'auberge, sort par la droite.)

PONTAILLAC, au public.

Si l'on nous reconnaît sous cet accoutrement, faudra être malin !

(Les consommateurs frappent sur les tables pour appeler le garçon.)

PONTAILLAC, GUSTAVE, PAMÉLA

Voilà ! Voilà !

CLÉMENTINE, en cabaretière, entrant par la gauche, un petit broc à la main.

Voilà ! Voilà !

(Ils vont tous quatre aux clients ; disposant les verres et les bouteilles sur la table et servent.)

LÉA

Du picolo, l'aubergiste.

EUGÉNIE

Des flots de picolo !

BERTHE

Ce n'est pas tous les jours dimanche.

CÉCILE

La Belle Jardinière est fermée.

LÉA

Demain nous reprendrons notre collier.

HORACE

Amusons-nous aujourd'hui.

ANDRÉ

Et, jusqu'à minuit, vive la joie !
(Chacun embrasse sa voisine.)

GUSTAVE

Voilà le picolo!

CLÉMENTINE, portant les verres.

Et voilà les verres. (A part.) Ils ne s'ennuient pas, les commis de magasin.

UN SALTIMBANQUE

Vous n'en étouffez pas un avec nous, père Lenglumé?

PONTAILLAC, à part.

Père Lenglumé, c'est mon nom d'aubergiste. (Haut.) Non, merci.

LE SALTIMBANQUE

Allons donc! des façons!

UN CAPITAINE de bateau-mouche.

Entre camerluches!

LE SALTIMBANQUE

Vous, un ami, si vous le faites à la pose alors...

FLEUR DE BICEPS

Vous n'êtes pas M. Bignon.

PONTAILLAC, avec résignation.

Allons! (A part, prenant une bouteille.) Heureusement, j'ai là une bouteille d'eau pure. (Il va à la table des consommateurs.)

LE SALTIMBANQUE

Et vous aussi, la petite mère?

PAMÉLA, à part.

La petite mère!

LE CAPITAINE

Et la gosse aussi!

CLÉMENTINE

Je veux bien!

LE SALTIMBANQUE, à Gustave.

Et toi aussi, l'esclave.

GUSTAVE

C'est pas de refus.

LE SALTIMBANQUE

La recette a été bonne. C'est moi qui paye.
(Pontaillac verse de l'eau à Clémentine et à Paméla.)

LE SALTIMBANQUE

A la vôtre! *(Ils trinquent.)*

CLÉMENTINE, à part.

Si l'*Almanach de Gotha* nous voyait. Oh! la la!

FLEUR DE BICEPS, trinquant avec Paméla.

A vos amours, mame Lenglumé. *(Ils boivent.)*

LE SALTIMBANQUE, se levant.

Et maintenant, au revoir. Le tout sur mon compte, comme d'habitude... C'est moi qui régale.

PAMÉLA, à part.

Il régale toujours celui-là, et il ne paye jamais.

LES COMMIS et LES GRISETTES, se prenant le bras.

Et nous autres, à table!

Reprise du chœur et sortie.

Tous sortent, sauf Pontaillac, Gustave, Paméla et Clémentine. Les commis et les grisettes entrent à gauche, premier plan. Les autres sortent par le fond.

SCÈNE II

PONTAILLAC, GUSTAVE, PAMÉLA, CLÉMENTINE

PONTAILLAC, accablé, tombant sur une chaise et retirant sa barbe.

Eh bien! Voulez-vous que je vous dise! Il est temps que cela finisse!

PAMÉLA, se laissant également tomber sur une chaise.

Oh! oui! il est temps!

CLÉMENTINE

Baste! le plus dur est fait.

GUSTAVE

Nous ne nous sommes pas ennuyés, nous autres, n'est-ce pas, ma cousine?

PONTAILLAC

Me contraindre, moi, un baron.

PAMÉLA

Moi, une baronne.

PONTAILLAC

A passer six mois dans cette promiscuité honteuse de bateleurs et de saltimbanques!

PAMÉLA

Heureusement, personne ne nous a reconnus.

PONTAILLAC

Nous prenons assez de précautions... Depuis le 1er novembre, nous ne négligeons rien pour détourner les soupçons... A propos, il y a quinze jours que je n'ai changé de barbe... Pour le monde, elle a dû encore pousser... Après déjeuner, vous me donnerez le n° 4.

PAMÉLA

Il est dans la chambre, avec tout notre attirail, celui de Clémentine et celui de Gustave.

PONTAILLAC

Qui nous feront pincer avec leur entêtement à ne pas vouloir se rendre méconnaissables.

CLÉMENTINE

On est trop laid!

GUSTAVE

Nous ne le ferions que si c'était indispensable.

CLÉMENTINE

Mais c'est pas tout ça. Gustave et moi, nous allons aux provisions... Vous, ne bougez pas d'ici; maître Falempin est venu constater tous les jours que vous teniez bien l'auberge, en personne... Condition formelle pour hériter... Il ne faut pas vous mettre en faute le dernier jour.

PONTAILLAC

Maître Falempin a vendu, hier, son étude à maître Ratinet.

PAMÉLA

Il a d'autres chats à fouetter que de venir nous espionner, cet homme!

GUSTAVE

C'est égal, méfiez-vous.

CLÉMENTINE

Et du courage! Aujourd'hui, à midi, notre épreuve sera terminée... Maître Ratinet aura constaté que c'est bien nous qui avons géré tous les jours et jusqu'au dernier moment, pendant six mois, l'auberge du *Lapin sauté*.

PAMÉLA

Et nous empocherons les deux millions.

PONTAILLAC

Ce ne sera pas trop tôt.

CLÉMENTINE

Et demain, ni vu ni connu, nous rentrons avec nos bagages dans notre hôtel.

GUSTAVE

Et, une fois installés, nous causerons du mariage.

CLÉMENTINE

Et sérieusement. Jusqu'à présent, toutes les fois que nous en avons parlé, tu nous as toujours remis à demain.

GUSTAVE

Et voilà six mois que nous l'attendons, ce demain.

PONTAILLAC

Oui, oui, j'ai promis de marier Clémentine.

PAMÉLA

Nous la marierons. (A part.) Pas avec toi, mon bonhomme !

CLÉMENTINE, prenant un panier.

Et maintenant, nous n'avons que le temps. Vous venez, Gustave ?

GUSTAVE, prenant un autre panier.

Voilà, ma cousine.

CLÉMENTINE.

A tout à l'heure, papa et maman Lenglumé.

GUSTAVE

A tout à l'heure. (Ils sortent par le fond.)

SCÈNE III

PONTAILLAC, PAMÉLA, Un Facteur

PONTAILLAC, prenant les bouteilles qui sont sur la table.

C'est égal, c'est aujourd'hui le dernier jour et le successeur de maître Falempin ne se presse pas de venir constater que nous sommes toujours là.

PAMÉLA, prenant les verres.

Qu'est-ce que c'est que ce M. Ratinet? L'as-tu déjà vu ?

PONTAILLAC

Non... pas encore... (Débarrassant une table.) Allons, au travail, comme toujours... et quand je pense que pendant que nous faisons ce métier de mercenaires, les des Accacias se promènent à Naples.

PAMÉLA

Sous le beau ciel de l'Italie.

PONTAILLAC

Qu'ils se mirent dans les flots bleus du golfe.

PAMÉLA

Et que nous ne voyons que les eaux jaunâtres de la
Seine.

PONTAILLAC

Qu'ils contemplent le Vésuve.

PAMÉLA

Et nous le mont Valérien.

PONTAILLAC, essuyant une table.

Oh! il s'est bien vengé, Célestin!

PAMÉLA, même jeu.

Et cruellement.

VOIX DU FACTEUR, à la cantonade.

Père Lenglumé?

PONTAILLAC et PAMÉLA, remettant vivement
l'un sa barbe, l'autre ses lunettes.

Le facteur !

LE FACTEUR, entrant.

Une babillarde pour vous, père Lenglumé.

PONTAILLAC

Merci, facteur !

LE FACTEUR

Au revoir, ma vieille... adieu, madame Lenglumé.
(Il sort.)

PONTAILLAC, déchirant l'enveloppe.

C'est bien ça... Le patron de l'hôtel du Lac de Genève
qui me renvoie à l'adresse de Lenglumé les lettres qu'on
nous adresse chez lui.

3.

PAMÉLA

De même qu'il expédie de là-bas celles que nous envoyons aux Accacias.

LE BARON

C'est de des Accacias. (Lisant). « Casino de Monte-Carlo. »

PAMÉLA

. Les veinards ! Ils sont au Casino !

LE BARON

Ils reviennent d'un voyage de six mois en Italie. (Lisant.) « Cher baron, nous sommes à Monte-Carlo depuis huit jours. Gontran compte les heures avec impatience. »

PAMÉLA

Et nous donc !

LE BARON, lisant.

« Hier, nous assistions à une représentation extraordinaire donnée par la Patti... dans la loge du prince de Galles. » (S'interrompant.) Ils sont intimes avec le prince de Galles.

PAMÉLA

Ils nous présenteront.

LE BARON, lisant.

« Succès énorme pour la grande cantatrice. Quelle voix ! quel cristal ! s'est écrié la princesse... Altesse, a fait observer respectueusement Gontran, j'en connais une plus limpide encore, c'est celle de la fille du baron et de la baronne de Pontaillac. »

PAMÉLA, avec ravissement.

Il a parlé de nous à la princesse de Galles ! Et nous hésiterions à donner notre fille à un homme comme ça !

PONTAILLAC, résolument.

Jamais !

PAMÉLA

Je renoncerais à un tabouret à la cour !

PONTAILLAC

Et moi, à l'ordre de la Jarretière ! Non, non, Clémentine sera vicomtesse.

SCÈNE IV

LES MÊMES, GUSTAVE, CLÉMENTINE

CLÉMENTINE, essoufflée.

Ah ! si vous saviez !

PONTAILLAC

Quoi?

GUSTAVE

Nous avions à peine tourné le coin de la rue...

CLÉMENTINE

Que nous apercevons à dix pas de nous... qui ? M. Moreau et toute une bande de gens endimanchés.

PONTAILLAC

· Sapristi !

CLÉMENTINE

Heureusement, ils ne nous ont pas vus. Mais ils se dirigent de ce côté.

PONTAILLAC

Impossible de fuir... à cause du testament... le notaire n'aurait qu'à venir constater...

PAMÉLA, allant au fond.

Ils entrent dans le jardin.

PONTAILLAC, affolé.

Heureusement, Moreau ignore la cause qui nous a amenés ici.

PAMÉLA

Il ne sait pas que nous tenons l'auberge.

CLÉMENTINE

Il ne me reconnaîtra pas, je vous en réponds.

GUSTAVE

Ni moi non plus.

PONTAILLAC

Et puis n'oubliez pas notre serment... quoi qu'il arrive, pour tout le monde, nous sommes les Lenglumé.

CLÉMENTINE, PAMÉLA et GUSTAVE, étendant la main
comme pour jurer.

Tous Lenglumé!

CLÉMENTINE

Les voici. (Elle sort par la droite.)

GUSTAVE

Nous revenons ! (Il sort par la gauche).

SCÈNE V

PONTAILLAC, PAMÉLA, MOREAU, MADELON, MARAICHERS,
MARAICHÈRES, endimanchés, ruban au chapeau.

CHŒUR

Nous avons gagné la médaille
Au grand concours des potirons.
Pour l'arroser, nous arrivons.
Il n'en est pas un qui le vaille,
Le potiron que nous portons!
Nous avons gagné la médaille
Au grand concours des potirons.
Pour l'arroser, nous arrivons !

MOREAU

Vous allez voir comme on est bien ici : C'est la réputation du potage julienne et du fricandeau à l'oseille. Je connais pas les successeurs de Célestin, mais, si c'est comme de son temps. Ah ! mes enfants, quelle noce ! (Appelant.) Hé ! hé ! quelqu'un !

PONTAILLAC et PAMÉLA

Voilà ! voilà !

MOREAU, jetant sa redingote à Pontaillac.

Prenez-moi ça, père l'Omelette.

PONTAILLAC, reprenant.

Lenglumé ! Je m'appelle Lenglumé ! (Tous lui jettent leurs paletots.)

MADELON, jetant son manteau sur les bras de Paméla.

Et nos manteaux, mère Mironton. (Tous lui jettent leurs manteaux.).

PAMÉLA, reprenant.

Lenglumé.

PONTAILLAC, faiblissant sous le poids des manteaux.

Mais sapristi ! je ne suis pas une patère ; je suis le cuisinier !

PAMÉLA

Et moi, la cuisinière !

MOREAU

Où est la bonne, alors ? où est le garçon ? Ils ne viennent pas. Ah ! c'était pas comme ça du temps de Célestin !

SCÈNE VI

LES MÊMES, GUSTAVE, CLÉMENTINE

CLÉMENTINE, entrant. Elle est en servante cauchoise, avec un accent normand, de longs cheveux filasse, etc.

La v'là, la bonne, la v'là !

GUSTAVE, entrant de gauche en paysan normand, avec des cheveux filasse et des sabots.

Le v'là ! le garçon, le v'là !

TOUS, *éclotant de rire.*

Ah! quelle tête!

MOREAU

D'où qu'ils sortent, ceux-là?

MADELON

De quel pays qu'ils sont?

CLÉMENTINE

D'où qu' nous sommes?

GUSTAVE

D'où qu' nous venons?

CLÉMENTINE

J'sommes de la Roche-Pillieux, près de Lisieux. Eh donc!

TOUS, *riant.*

Des Normands!　　　　　　　　　　(Chanson normande.)

CLÉMENTINE et GUSTAVE

I

Nous somm's nés, natifs tous les deux,
Au bourg de la Roche-Pillieux,
Pas bien loin d'la ville de Lisieux
La Rochepp, la Pilette, la Roche-Pillieux.
De naissanc' nous sommes cousins,
Au pays nous étions voisins,
On s'voyait les soirs, les matins
Et voisin, voisinette, voisine, voisin...

CLÉMENTINE

De l'un de l'autre, j'avions pris l'habitude.

CLÉMENTINE et GUSTAVE

Et nous n'pouvions jamais nous séparer.

CLÉMENTINE

Et si l' métier est parfois un peu rude.

CLÉMENTINE et GUSTAVE

Ça n'empêch' pas toujours de s'adorer.
Ce n'est pas la richesse
Qui fait les beaux jours
De la jeunesse,
Ce n'est pas la richesse,
Mais c'est les amours !

(Reprise en chœur.)

CLÉMENTINE, et GUSTAVE

II

Quand nous aurons fait notre magot,
Faudra penser au conjungo,
Mais jusque-là bernique, nisco.
Berniquette, bernique, nisco !
Car p'têtr' bien qu'si l'on s'amus'rait
Quand l'moment d'épouser viendrait,
Chacun d'son côté s'en irait
S'amusant, s'amusett' si l'on s'amusait !

CLÉMENTINE

Lorsque deux cœurs sont bien faits pour s'entendre,

CLÉMENTINE et GUSTAVE

C'est de l'amour qu'il faut, qu'il faut conomiser !

CLÉMENTINE

Et si l'argent se faisait trop attendre,

CLÉMENTINE et GUSTAVE

Tant mieux si l' cœur a su théauriser !

Refrain.

Ce n'est pas la richesse, etc.

MOREAU

Parfait, les enfants. Eh bien, c'est aujourd'hui la Saint-
Fiacre et nous venons dîner avec les camarades, chez
mon ex-copain, Célestin.

PONTAILLAC

Comment, vous voulez dîner?

MOREAU

Tu l'as dit, bouffi ! (Il lui tape sur le ventre.)

GUSTAVE, à part.

Pour le dernier jour, c'est pas de veine.

PONTAILLAC, bas à Paméla.

Le notaire va venir... Il faudrait les congédier.

PAMÉLA, bas.

Mais comment?

CLÉMENTINE, bas.

J'ai mon idée. (Elle prend la carte, se recule et écrit sur le menu.)

PONTAILLAC

Qu'est-ce qu'elle va faire?

MOREAU

Voyons, qu'est-ce que nous allons commander? Donnez-moi la carte.

CLÉMENTINE, accent normand.

La voilà! (Il la donne.)

MOREAU, lisant.

Potage julienne ! Julienne, ça va-t-il?

TOUS, sur l'air des lampions.

La julienne! La julienne!

MOREAU, lisant.

« Julienne... M.. »? Qu'est-ce que c'est que ça, M...?

CLÉMENTINE

Manque... Il n'y en a plus.

GUSTAVE, à Paméla et à Pontaillac, avec admiration.

Dites donc! Est-ce trouvé, ça?

MOREAU, à ses invités.

Ce n'est pas étonnant, c'est si bon ici... Il ne reste jamais rien.

MADELON

Bah ! on se passera de potage.

MOREAU, lisant

Fricandeau à l'oseille... M...!

MADELON

Encore !

MOREAU

Haricot de mouton... M. Epinards M. M. M. M. Mais il n'y a donc que des M?

CLÉMENTINE

Je vais dire à monsieur... nous avons beaucoup de monde.

GUSTAVE

Le dimanche, c'est toujours comme ça.

PONTAILLAC

Mais si monsieur veut aller à côté.

GUSTAVE

La maison est bien meilleure qu'ici.

PAMÉLA

Et la cuisine donc!

CLÉMENTINE

Y a pas à hésiter... Reprenez vos clics et vos clacs et allez au « Lapin qui se rebiffe... » (Elle pousse Moreau vers la porte.)

MOREAU, résistant.

Mais c'est moi qui me rebiffe... Faites-nous n'importe quoi... Chez Célestin, c'est toujours bon. Et maintenant, couple Lenglumé, à vos fourneaux. Ouste!

PAMÉLA, avec regret.

C'est bon, on y va, aux fourneaux. (A part.) Quel contre-temps !

PONTAILLAC, à Paméla.

Je vais chercher le bois. (Elle entre à droite. Pontaillac descend à la cour.)

MOREAU

Vous, les Normands, servez-nous le madère dans le grand salon.

CLÉMENTINE et GUSTAVE

V'là, bourgeois.

MOREAU, à ses amis.

Et vous, le bras aux dames.

REPRISE

Ce n'est pas la richesse, etc.

(Ils entrent tous à gauche, 3° plan. La scène reste vide.)

SCÈNE VII

DES ACCACIAS, Mme DES ACCACIAS, GONTRAN

Des Accacias paroît au fond avec mystère. Il regarde s'il ne voit personne, puis fait un signe à la cantonade. Paroît Mme des Accacias qui fait le même signe. Paroît enfin Gontran, également mystérieux. Tous trois se prennent par la main et descendent mystérieusement la scène en chantant à mi-voix.

Trio-Bouffe.

C'est nous, les Accacias.
On croit qu' nous somm's en Italie
Non, jamais de la vie.
Non, nous n'y sommes pas.
C'est nous les Accacias !
Aller en Italie,
Jamais de la vie !
Non, nous n'y sommes pas.

Dans un modeste appartement,
Bien cachés, la semaine entière ;
C'est le dimanche seulement
Qu'on peut respirer hors barrière.
L'air pur des champs, la liberté
Ça fait plaisir en vérité
Alors qu'on n'a pas respiré
Pendant une semaine entière.
C'est nous, les Accacias, etc.

DES ACCACIAS

Personne de connaissance... bien. Si le baron de Pontaillac apprenait que nous nous sommes moqués de lui en lui écrivant des lettres de Naples et de Monte-Carlo, il serait capable de ne plus te donner sa fille.

GONTRAN

Heureusement que ça va finir bientôt, notre réclusion

DES ACCACIAS, tirant une lettre de sa poche.

Demain !... Le baron m'a écrit de Suisse à l'hôtel de Naples qui m'a renvoyé sa lettre, qu'il réintégrait son domicile du faubourg Saint-Germain, grand hôtel du Lac de Genève.

MADAME DES ACCACIAS

Les veinards ! Ils sont sur les bords du lac de Genève, eux !

DES ACCACIAS, lisant.

« Mes chers amis, je vous écris sur une superbe terrasse qui domine les eaux dormantes du lac. Il fait nuit, d'innombrables barqués, fanaux allumés, sillonnent la surface liquide. »

GONTRAN

Il a de la littérature, ce Pontaillac.

DES ACCACIAS, lisant.

« Mais laissons ces enchantements que vous éprouvez vous-mêmes à Naples... »

MADAME DES ACCACIAS, avec un soupir.

A Naples !

GONTRAN, même jeu.

Au troisième, rue de la Michodière.

DES ACCACIAS, lisant.

« Et parlons de nous... Clémentine ne rêve que de votre Gontran et dès notre retour, elle deviendra vicomtesse des Accacias. »

MADAME DES ACCACIAS

Ç'a été enlevé lestement, ce mariage-là !

GONTRAN

En attendant, si nous commandions le menu, papa ! (Il frappe sur la table.) Garçon !

SCÈNE VIII

LES MÊMES, PONTAILLAC, GUSTAVE, CLÉMENTINE, PAMÉLA

Ils apparaissent chacun à une porte différente. Pontaillac sort de la cave avec une hottée de bois. Gustave sort de gauche, avec un plateau chargé de bouteilles. Clémentine, avec un plateau chargé de verres. Paméla avec une poêle à frire.

PONTAILLAC, GUSTAVE, PAMÉLA, CLÉMENTINE

Monsieur a sonné ?

DES ACCACIAS, avec arrogance.

Voilà une heure qu'on vous appelle.

PONTAILLAC, GUSTAVE, PAMÉLA, CLÉMENTINE, laissant tomber à terre les objets qu'ils ont à la main ou sur le dos.

Les Accacias !

LES ACCACIAS, sursautant au bruit des objets qui tombent.

Maladroits !

PONTAILLAC, bas à Gustave, à Clémentine et à Paméla.

De l'aplomb !

CLÉMENTINE, bas.

Faites pas attention, bourgeois, une crampe dans la main !

DES ACCACIAS

A tous les quatre à la fois !

PONTAILLAC, GUSTAVE, PAMÉLA, riant bètement.

Oui, oui, oui... c'est de famille.

MADAME DES ACCACIAS

C'est bizarre !

CLÉMENTINE

Ça nous prend quelquefois... comme ça... tout d'un coup... Mais vous voulez peut-être déjeuner ?

GONTRAN

Je vous crois que nous le voulons !

CLÉMENTINE, tronquillement.

Eh ben, faut pas y songer.

LES ACCACIAS

Hein ?

PONTAILLAC, jouant l'étonnement.

Ici ? Vous voulez déjeuner ici ?

DES ACCACIAS

Sans doute. Qu'est-ce qu'il a donc ?

PAMÉLA, haussant les épaules.

Vous n'y pensez pas !

GUSTAVE

C'est pas sérieux.

CLÉMENTINE

Vous seriez très mal.

LES ACCACIAS

Comment ?

DES ACCACIAS

Quels drôles d'aubergistes !

CLÉMENTINE

Ici, c'est triste comme un bonnet de nuit. Il ne vient jamais personne...

DES ACCACIAS, vivement.

Jamais personne !... C'est bien notre affaire !

MADAME DES ACCACIAS

Nous ne voulons pas être reconnus.

GONTRAN

On nous croit en Italie... Faut pas qu'on nous voie.

PONTAILLAC, PAMÉLA, CLÉMENTINE

Que signifie ?

PONTAILLAC

Ils viennent nous espionner. Attention !

DES ACCACIAS

Vous nous servirez à déjeuner dans un de ces cabinets.

PONTAILLAC

Enfin, puisque vous y tenez.

CLÉMENTINE

Et qu'il n'y a pas moyen de faire autrement.

GUSTAVE

Faut bien se résigner.

PAMÉLA

Je vais préparer le déjeuner. (A part.) Et ils nous écrivent qu'ils sont en Italie... Qu'est-ce qu'il y a donc ? (Elle entre à droite.)

PONTAILLAC

Je vais dresser la table.

GUSTAVE

Je vais vous aider, patron.

PONTAILLAC, à part.

Ils appellent ça être à Monte-Carlo !... Pour du toupet, ils ont du toupet. (Il sort par la gauche suivi de Gustave.)

CLÉMENTINE

Moi, je vais m'occuper du couvert. (Elle les suit.)

DES ACCACIAS, avec satisfaction.

Ce cabaret n'est pas élégant, mais au moins, nous sommes certains, ici, de ne rencontrer personne de connaissance.

SCÈNE IX

DES ACCACIAS, MADAME DES ACCACIAS, GONTRAN, MOREAU

MOREAU, sortant par la gauche, 3e plan.

Eh bien ! Et ce diner, ça ne s'avance donc pas ? (Reconnaissant des Accacias.) Mais je ne me trompe pas...

DES ACCACIAS à part.

M. de Moreau !

MOREAU

M. le comte et Mme la comtesse des Accacias ici.

DES ACCACIAS embarrassé.

Nous étudions les environs de Paris.

MADAME DES ACACIAS

Et pour nous rendre compte des mœurs populaires...

GONTRAN

Nous venons festoyer économiquement.

MOREAU

Bravo ! Vous dînerez avec nous !

DES ACCACIAS

Merci... Nous sommes un peu pressés...

MOREAU, insistant.

Mais si... je veux vous présenter à ma société. Vous allez voir, ce sont des gens très bien.

MADAME DES ACCACIAS

Nous ne sommes pas en toilette.

MOREAU

Ça ne fait rien, on vous excusera! (Appelant à gauche.) Ohé! les amis! à table! à table!

SCÈNE X

LES MÊMES, LES MARAICHERS, LES MARAICHÈRES, PONTAILLAC, GUSTAVE, PAMÉLA, CLÉMENTINE

(Entrée des maraîchers. Pendant cette entrée Pontaillac, Gaston et Clémentine ont apporté, avec l'aide de quelques maraîchers, une table toute servie.)

MOREAU, présentant des Accacias.

Les Accacias! Une vieille branche!

LES ACCACIAS, scandalisés.

Une vieille branche, nous!

MOREAU, présentant quelques amis.

Des copains : Mathieu, Martin, toute la bande, quoi, avec leurs dames.

(Salutations grotesques des maraîchers. Salutations froides des Accacias.)

MOREAU

Maintenant que vous v'là tous, camaros, à table

TOUS, moins les Accacias.

A table !

(On se met à table.)

PAMÉLA, entrant avec une dinde rôtie sur un plat.

V'là la dinde ! (Elle la pose sur la table.)

MOREAU

Découpez, Lenglumé.

PONTAILLAC

Ah ! impossible, bourgeois. Je n'ai jamais découpé de
ma vie !

MOREAU

Honneur à la noblesse ! A toi la pose, des Accacias.

DES ACCACIAS, à part.

Il est d'un sans gêne ! (Haut.) Je ne découpe pas moi-
même, monsieur de Moreau.

LES MARAICHERS et MARAICHÈRES, riant.

De Moreau !

MOREAU, à des Accacias.

Alors, passe l'oiseau à ton épouse.

MADAME DES ACCACIAS, vexée.

Je me récuse !

MOREAU

Alors, j' vas découper moi-même... Ah ! dame, ce n'est
plus comme au temps de Célestin, le service laisse un
peu à désirer et puis... nous ne sommes pas au faubourg
Saint-Germain... comme chez le baron de Pontaillac !

GONTRAN

Pontaillac, un vieux daim !

PAMÉLA et PONTAILLAC, à part.

Hein

4

MADAME DES ACCACIAS

Gontran !

CLÉMENTINE, bas à Gustave.

Il se coule, le vicomte.

GUSTAVE, bas à Clémentine.

Bravo !

MOREAU

Il a raison ! Vous rappelez-vous sa fameuse soirée ?

DES ACCACIAS

Avec sa femme qui jouait du piano mécanique.

GONTRAN

Nous a-t-elle assez rasés avec son *Beau Danube bleu !*
(Chantant.)

Tra la la la... la la... la laire...

TOUS, chantant.

Tra la la la la, la la la la !

MADAME DES ACCACIAS.

Quand on ne sait pas jouer du piano, on le dit.

MOREAU

Où voulez-vous qu'elle ait appris, la malheureuse? Je la
connais depuis longtemps, moi. C'est la femme d'un
pauvre petit avoué de quatre sous. (Mouvements des Pontaillac
qui cherchent à leur couper la parole en les servant.)

MADELON

Monsieur Moreau, vous nous avez promis une chanson.
C'est le moment.

TOUS

Oui, oui, une chanson !

MOREAU, se levant.

Je ne me fais jamais prier (Il essaie de chanter.)
Quand à dîner l'on a bien bu.
Ba bé bi bo bu !

(Il fait une fausse note.)

LES MARAICHERS

Assez ! A un autre !

MOREAU

A toi, des Accacias... sors nous ton *do* de poitrine.

LES MARAICHERS, insistant.

Voyons, des Accacias.

DES ACCACIAS, vexé.

Mais...

MOREAU, montrant les maraîchères.

Je vois ce que c'est : il veut qu'une de ces dames l'embrasse.

MADAME DES ACCACIAS, se levant vivement.

Non ! non ! il va chanter !... J'aime mieux ça !...

GONTRAN, à part.

Papa qui chante. Y va pleuvoir !

DES ACCACIAS, se levant.

Lysis aimait Chloé la blonde.

(Il fait un couac.)

TOUS

Assez ! assez !

MOREAU

Ferme ça, mon vieux.

TOUS

A un autre !

MOREAU

Personne ne dit mot ?... Eh ben, et toi, la Normande !
T'as chanté tout à l'heure, repique, ma fille.

CLÉMENTINE

Moi, j'veux ben. Je m'fais jamais prier. (Annonçant.) Langlois qui était au clou, une chanson de cheux nous.

La Chanson de Langlois.

I

Langlois qu'était au clou,
— Dit à l'ami Maclou :
Tu vas aller prév'nir
Ma bell' que je n'puis pas venir.
Tu lui diras pourquoi
En lui peignant ma foi.
Elle est sensible,
Ce sera terrible !
Ell' aim' tant son Langlois,
Faut qu'tu la consoles,
Dis-lui d' bonnes paroles,
   Sois éloquent.
Sèches bien ses larmes :
D' son cœur en alarmes
Essaie d'comprimer l'élan.
D' main j'irai, j'espère,
Finir la misère
D' la pauvre enfant ;
   Ell' m'aim' tant (*bis*).
C'est-y vrai Dieu possibl' qu'un' femme vous aim' tant !

II

Pour lors, Maclou s'en va
Sans s'épater plus qu' ça,
Y s'rend au petit bois,
Oùs qu'était attendu Langlois.
Il fait sa commission ;
La belle dit : « Nom d'un nom !
J'suis pas contente
De mon attente...
Surtout d'la privation. »
— Oh ! v'là z'une parole,
J'vois bien qu'ça vous désole.
Subséquemment
On pourrait s'entendre ;
Elle veut se défendre.
Mais si faiblement !
Bientôt la fillette,

Qu'a trahi son Langlois, répète
En pleurant,
Lui qu' j'aime tant (*bis*).
A Langlois faut rien dire, voyez-vous, j' l'aim' tant !

III

Comme Langlois Maclou,
Le lendemain mis au clou ;
Ce fut tout l'escadron
Qui voulut fair' la commission.
Langlois s'dit : sapristi !
« Des amis, en ai-je-t-y ?
Ma bell' je pense,
Prendra patience.
Ça va bien, qu'il se dit.

Depuis, chaqu' semaine,
Soldat, capitaine
Ou commandant,
Sans faire de manière
S' fait le commissionnaire
De Langlois, qu'on attend ;
Puis, chacun en glose,
Et l'on dit, s' racontant la chose,
En s'tordant :
Ell' l'aim' tant ! (*bis*)
C'est-y vrai, Dieu possibl' qu'un' femme vous aime tant !

TOUS

Bravo ! la servante !

MOREAU

Et maintenant, qu'on nous verse le café dans le petit
salon, madame Lenglumé. (Tous se lèvent. Offrant son bras à
Mme des Acacias.) Mame la comtesse !

GONTRAN, à part.

Moi, je vais fumer un cigare au bord de la Seine...

(Reprise du refrain de la chanson. Ils sortent tous à gauche, sauf Pontaillac, Gustave, Clémentine, Paméla. Gontran sort par le fond.)

SCÈNE XI

PONTAILLAC, GUSTAVE, PAMÉLA, CLÉMENTINE

CLÉMENTINE

Eh bien, papa, tu as entendu ?

PONTAILLAC, avec calme.

Parfaitement

GUSTAVE

Vous ont-ils assez traînés dans la boue !

PONTAILLAC

Dans la boue... est exagéré... Ils ont dit que Paméla ne savait pas jouer du piano.

PAMÉLA

C'est vrai !

CLÉMENTINE

Pourtant : Le vieux daim !

PONTAILLAC

Oui, le « vieux daim » est dur à digérer, mais ce n'est pas là une de ces injures qui touchent un homme au cœur... Et puis, rompre un mariage pour une parole en l'air.

GUSTAVE

Des farceurs qui vous ont écrit qu'ils étaient en Italie.

PONTAILLAC

Nous leur avons bien dit que nous étions en Suisse.

CLÉMENTINE

Bref! vous persistez à vouloir me donner à ce pommadé?

PONTAILLAC

Je veux que tu sois vicomtesse.

PAMÉLA

Et tu seras vicomtesse.

CLÉMENTINE

C'est ce que nous verrons!

GUSTAVE

Pourtant, vous nous aviez promis...

PONTAILLAC

Oui, j'avais promis... mais à ce moment-là, je n'avais pas la jarretière.

CLÉMENTINE, étonnée.

La jarretière!

GUSTAVE, à Clémentine.

Qu'est-ce qu'il dit?

CLÉMENTINE

Je ne sais pas?

PAMÉLA

Et moi, je n'avais pas le petit banc à la cour.

PONTAILLAC

Pas le petit banc... Le tabouret.

CLÉMENTINE, à Gustave.

Qu'est-ce qu'ils disent?

GUSTAVE

Je ne sais pas. Je crois qu'ils deviennent fous!

PONTAILLAC, ôtant sa barbe.

Mais il ne s'agit pas de ça... La situation n'est plus tenable. Les Accacias finiront par nous reconnaître... Je retourne à notre hôtel avec la mère faire tout préparer pour notre rentrée. (Il ôte son tablier.)

PAMÉLA

C'est cela... Et pendant ce temps, tous ces gens-là auront filé. (Elle ôte ses lunettes et son tablier.)

PONTAILLAC, à Clémentine.

Vous, faites le guet pour savoir si l'on ne vient pas.

GUSTAVE

Je ferai tout ce que vous voudrez, mais ce n'est pas votre dernier mot.

CLÉMENTINE, faisant le guet.

Dépêchez-vous, au moins.

PONTAILLAC, qui a pris une redingote, un chapeau haut de forme et sa canne.

A la bonne heure! on se sent revivre là-dedans!

CLÉMENTINE, vivement.

Des Accacias !

GUSTAVE

Alerte!

PONTAILLAC

Bigre! Filons!

(Pontaillac et Paméla partent vivement par le fond, laissant leurs acces soires sur des chaises et sur le comptoir.)

SCÈNE XII

GUSTAVE, CLÉMENTINE, DES ACCACIAS, Madame DES ACCACIAS

CLÉMENTINE

Ah! il était temps.

DES ACCACIAS, sortant de gauche furtivement.

Profitons de ce que tout ce populaire est dans les vignes du Seigneur pour filer...

MADAME DES ACCACIAS, le suivant.

Et ne plus jamais revenir!

CLÉMENTINE

Allons balayer la salle de billard. (Elle entre à droite.)

GUSTAVE, résigné.

Allons! (Il entre à droite.)

DES ACCACIAS

Et Gontran! Où est-il encore, ce Gontran?

MADAME DES ACCACIAS

Dans le jardin, sans doute. (Allant au fond et poussant un cri.
Ah! mon Dieu!

DES ACCACIAS

Quoi donc?

MADAME DES ACCACIAS, interdite.

Là-bas... au bord de l'eau, je ne me trompe pas.

DES ACCACIAS, regardant.

Les Pontaillac!

MADAME DES ACCACIAS, affolée.

Ils se dirigent par ici en courant.

DES ACCACIAS, éperdu.

Sapristi! Nous qui leur avons dit que nous étions à
Monte-Carlo.

MADAME DES ACCACIAS

S'il nous voient, le mariage est rompu.

DES ACCACIAS

Retournous avec M. de Moreau.

MADAME DES ACCACIAS

Impossible! ils viennent sans doute le rejoindre, leur
ami Moreau.

DES ACCACIAS

Alors, cachons-nous. (Il va vers la gauche.) Fermé!

MADAME DES ACCACIAS, à droite.

Là aussi !

DES ACCACIAS, affolé.

Mais alors... Ah! cette barbe...

MADAME DES ACCACIAS

Cette perruque... Ces tabliers...

DES ACCACIAS

Oh! mes nobles aïeux.

MADAME DES ACCACIAS

S il nous voyaient.

DES ACCACIAS

Ma foi... à la guerre, comme à la guerre.
(Ils se travestissent rapidement, un peu cachés par le comptoir. On sonne dans le cabinet.)

SOSTHÈNE, sortant d'un cabinet à gauche 1er plan.

Garçon!.. voilà une heure qu'on vous sonne.

MONSIEUR et MADAME DES ACCACIAS, en aubergistes.

Voilà! Voilà, jeune homme !
(Ils entrent dans le cabinet de gauche.)

SCÈNE XIII

PONTAILLAC, PAMÉLA

PONTAILLAC, entrant essoufflé par le fond.

Impossible de partir!.. le fils des Accacias fume son cigare à l'entrée du jardin.

PAMÉLA, entrant, même jeu.

Il nous aurait reconnus... et ils nous croient en Suisse. Le mariage serait rompu.

PONTAILLAC, qui a cherché sur le comptoir, tout en enlevant sa
redingote.

Tiens, nos affaires ont disparu.

PAMÉLA, tout en enlevant son chapeau.

Clémentine les aura emportées dans la chambre.

PONTAILLAC, ouvrant le placard.

Heureusement notre stock de rechange est là.

(Pontaillac remet vivement une autre barbe. Paméla une autre perruque
et d'autres lunettes. Puis ils prennent chacun un tablier.)

PAMÉLA, se déguisant.

Nous n'avons pas de veine...

PONTAILLAC, se déguisant.

Comment allons-nous sortir de cette impasse, mon
Dieu?.. le fils qui fume à la porte, les parents qui boivent
ici.

PAMÉLA

Et Moreau par-dessus le marché...

PONTAILLAC

Enfin, au petit bonheur!... Voilà! C'est fait.

(Ils sont travestis de nouveau.)

SCÈNE XIV

LES MÊMES, DES ACCACIAS, MADAME DES ACCACIAS

DES ACCACIAS, rentrant avec un plateau chargé d'assiettes et de four-
chettes en parlant à la cantonade.

Bien, monsieur... le café...

(Mme des Accacias le suit avec un plat vide.)

PONTAILLAC et PAMÉLA, stupéfaits.

Qu'est-ce que c'est que ça?

DES ACCACIAS

Chut!... Ecoutez. Lenglumé, je suis le comte des Accacias.

MADAME DES ACCACIAS

Et moi, la comtesse.

PONTAILLAC et PAMÉLA

Ah! bah!

PONTAILLAC, à part.

Ouvrons l'œil!

DES ACCACIAS, à Pontaillac.

Voilà cent sous... silence... Je me suis déguisé

MADAME DES ACCACIAS

Moi aussi...

DES ACCACIAS

Pour n'être pas reconnu par un monsieur de Pontaillac qui est entré ici

PONTAILLAC et PAMÉLA, stupéfaits.

Ah !

PONTAILLAC

Vous l'avez vu, ce monsieur de Pontaillac ?

DES ACCACIAS

Comme je vous vois.

MADAME DES ACCACIAS

Il nous croit en Italie.

DES ACCACIAS

Et s'il nous voyait ici, il serait capable de nous demander — car il est très bête — ce que nous y faisons.

PONTAILLAC

Vraiment! Il serait assez bête! (A part.) Eh bien, j'en avale moi, des couleuvres, j'en avale.

(Il remonte au comptoir avec Paméla.)

SCÈNE XV

LES MÊMES, RATINET

RATINET, entrant par le fond. — Il a l'air d'un gommeux. — Au public.

Voilà bien le *Lapin sauté*. — On ne sait pas que je suis maître Ratinet, successeur de maître Falempin... Je viens constater si Pontaillac est bien ici. Pardon, monsieur, comment vous appelez-vous, S. V. P.?

DES ACCACIAS

Comment je m'appelle?

MADAME DES ACCACIAS, bas à son mari.

Ne dis pas ton nom sous ce costume ridicule.

RATINET

Eh bien, voyons, qui êtes-vous?

DES ACCACIAS, ahuri.

Attendez, je vais vous le dire. (Il se gratte la tête en cherchant un nom.)

RATINET

Il vous faut tout ce temps-là?

DES ACCACIAS

Une minute, que diable! laissez-moi chercher...

RATINET, stupéfait.

Vous l'avez oublié?

DES ACCACIAS

Oui, vous comprenez... dans notre métier, on a tant à faire!

RATINET

Ah! bien, elle est forte, celle-là. (A Pontaillac qui est descendu. Et vous?

PONTAILLAC

Moi?...

RATINET

Êtes-vous Pontaillac?

PONTAILLAC, vivement.

Non, non... (Bas à sa femme.) Devant des Accacias, jamais.

PAMÉLA, à part.

Que veut ce monsieur-là?

RATINET, à Pontaillac.

Vous êtes de la maison... Alors, qui êtes-vous?

PONTAILLAC

Qui je suis?... Attendez, je vais vous le dire.
(Il se gratte la tête en cherchant.)

RATINET, stupéfait.

Lui aussi... il a oublié...

PONTAILLAC, éperdu.

Ah! vous savez, on a tant à faire ici!

RATINET, abruti.

C'est inouï! (A Paméla.) Mais enfin, madame, vous qui...

PAMÉLA, s'esquivant.

Oh! moi, je ne sais rien! (Elle se réfugie derrière le comptoir.)

RATINET

C'est incroyable...

RATINET, à Mme des Accacias.

Et vous, madame, m'expliquerez-vous?...

MADAME DES ACCACIAS, s'esquivant

Je ne sais rien! Ne me demandez rien.

RATINET

C'est prodigieux!... Je n'ai jamais vu des maisons comme celle-là... Est-ce que vous avez reçu des tuiles sur la tête?

PONTAILLAC et DES ACCACIAS, affolés.

Oui... oui... précisément.

DES ACCACIAS

La toiture est en mauvais état. Toutes les tuiles tombent.

PONTAILLAC

Tantôt sur une tête, tantôt sur l'autre.

DES ACCACIAS

Quand vous sortirez, ouvrez votre parapluie.

RATINET

Mais, je n'en ai pas.

PONTAILLAC

Raison de plus.

RATINET

Ils sont fous!

SCÈNE XVI

LES MÊMES, GONTRAN

GONTRAN, rentrant par le fond.

Ah! j'ai fumé un bon cigare!

RATINET, l'avisant.

Ah!... (A Gontran.) Pardon, monsieur, un renseignement, s'il vous plaît?... (Montrant des Accacias) Comment s'appelle cet homme-là?

GONTRAN, regardant des Accacias avec étonnement.

Tiens, papa!

RATINET

A la bonne heure... son père... (A part.) Je vais enfin savoir le nom...

DES ACCACIAS, bas à Gontran.

Ne dis pas mon nom... Tu as oublié.

RATINET, à Gontran.

Eh bien, comment s'appelle-t-il, votre papa?

GONTRAN, ahuri.

Comment il s'appelle?... C'est que... Attendez, je vais vous le dire... (Il se gratte la tête en cherchant.)

RATINET

Vous ne le savez pas non plus?

PONTAILLAC

Quand on vous dit que toutes les tuiles tombent...

DES ACCACIAS

Croyez-moi... Prenez un parapluie...

RATINET

Je suis abruti.

SCÈNE XVII

LES MÊMES, CLÉMENTINE

CLÉMENTINE, rentrant de droite.

Tiens! Qu'est-ce qu'il y a donc?

RATINET

Ah! Mademoiselle!... Dites-moi, quel est cet homme-là? (Il désigne Pontaillac.)

CLÉMENTINE

C'est papa.

RATINET

Enfin!... (A part.) Cette fois, ça va marcher.

PONTAILLAC, bas à Clémentine.

Tu ne sais pas mon nom... Les Accacias sont là!

RATINET, à Clémentine.

Et comment s'appelle monsieur votre père?

CLÉMENTINE

Papa!

RATINET

Oui, son nom?

CLÉMENTINE, cherchant.

Attendez, je vais vous le dire... (Elle se gratte la tête en cher-chant le nom.)

RATINET, levant les bras au ciel.

Ah! ça, c'est le bouquet... Mais qu'est-ce que c'est donc que tous ces gens-là? il faut les aider à retrouver leurs noms.

Septuor.

RATINET

1

Vous appelez-vous Bernard!
Martin, Durand ou Gaspard?
Vous appelez-vous Robert,
Guérin, Fouilloux ou Pivert.

LES AUTRES

Non, non, ce n'est pas ça, } *bis.*
Aucun de tous ces noms-là }

RATINET

Vous appelez-vous Bertrand?
Mathieu, Potin, ou Marchand?

Vous appelez-vous Giraud?
Gilon, Girard ou Gilaud?

II

Vous appelez-vous Gaillard,
Leduc, Legendre, ou Pomard?
Vous appelez-vous Vidal,
Fouillaupot, ou bien Duval?

LES AUTRES

Non, non, ce n'est pas ça,
Aucun de tous ces noms-là! } *bis.*

RATINET

Vous appelez-vous Lafon,
Benoit, Binart, ou Ledon.
Vous appelez vous Nadaud,
Pinglin, Cabot, ou Michaud?

LES AUTRES

Non, non, ce n'est pas ça..., etc.

RATINET, exaspéré.

Enfin, vous ne voulez rien dire?

DES ACCACIAS, soudoinement.

Si, si! j'ai trouvé mon nom, je m'appelle Lenglumé.

PONTAILLAC, vivement.

Moi aussi... (A part.) Suis-je assez bête de n'avoir pas
trouvé tout de suite?

RATINET

Alors vous êtes frères? –

DES ACCACIAS

Parfaitement.

PONTAILLAC

Les frères Lenglumé.

DES ACCACIAS

Je suis venu lui donner un coup de main. Nous sommes
jumeaux.

PONTAILLAC

Du même père... mais pas de la même mère !

DES ACCACIAS, bas à sa femme.

Pardon, je suis obligé de rentrer... une affaire impor-
tante... (A Pontaillac.) À tout à l'heure, frère.

LES TROIS PONTAILLAC

A tout à l'heure.

DES ACCACIAS, à sa femme et à Gontran.

Venez, vous autres. J'ai besoin de vous. (A Ratinet.) Et
prenez garde aux tuiles,

LES TROIS ACCACIAS

A bientôt. (Il sortent par le fond en courant.)

SCÈNE XVIII

PONTAILLAC, CLÉMENTINE, PAMÉLA, RATINET

RATINET

Je suis fixé... Il ne me reste plus qu'à instrumenter.
(Avec importance.) Moi, maître Ratinet, successeur de maître
Falempin, je constate.

PONTAILLAC, étonné.

Vous êtes le successeur de Mᵉ Falempin !

RATINET

Absolument.

PONTAILLAC

Sapristi ! qui aurait pu deviner un notaire sous les ap-
parences d'un gommeux ?

RATINET

Ah! vous savez, aujourd'hui, les notaires sont des gens chics. Je constate donc que l'auberge n'est pas tenue par le sieur Pontaillac, mais par une famille de gens abrutis qui ne savent même pas leurs noms. En conséquence, le sieur Pontaillac qui devait diriger l'auberge en personne, jusqu'à la dernière minute, est déchu de ses droits à l'héritage de son oncle Célestin.

PONTAILLAC, CLÉMENTINE, PAMÉLA

Ah! mon Dieu!

PONTAILLAC

Permettez! permettez!... C'est moi, Pontaillac!

RATINET

Farceur! vous êtes Lenglumé.

CLÉMENTINE

Mais non, monsieur, papa est M. Pontaillac.

RATINET, avec ironie.

Connu, mademoiselle.

PAMÉLA

Je vous assure...

RATINET

Turlututu!... Madame!... Vous êtes des amis de Pontaillac et vous voulez sauver son héritage.

PONTAILLAC

Je suis Pontaillac!

CLÉMENTINE

Pontaillac!

PAMÉLA

Pontaillac!

RATINET

Eh bien, nous allons voir. Vous avez là des clients, je vais les interroger. (Ouvrant la porte de gauche.) Mesdames et messieurs, venez, venez tous!

SCÈNE XIX

Les Mêmes, GUSTAVE, Maraîchers, Saltimbanques,
Maraîchères, puis MOREAU

Finale.

.TOUS

A votre voix, nous arrivons,
Que voulez-vous? Nous écoutons!

RATINET

Moi, Ratinet, notaire assermenté,
Ru' d'Arcole dans la Cité,
Je fais appel à vos lumières
Pour des raisons particulières.
(A Gustave.)
A vous d'abord ! Comment s'appelle
Ce monsieur que voilà là-bas !

GUSTAVE, à part.

Oh ! je ne me trahirai pas.
(Haut.)
C'est bien, je me rappelle
Pour êtr' bien informé,
Vous ne pouvez mieux faire.
Ces gens, la chose est claire,
Ce sont les Lenglumé !

RATINET, triomphant.

Lenglumé !

PONTAILLAC, à part.

Quel animal !

CLÉMENTINE, à Gustave.

Mais non, mon père... vous savez, c'est Pontaillac.

GUSTAVE, à part.

Hein ! c'est changé ! Dieu ! quel mic mac !

5.

RATINET, aux maraîchers et maraîchères.

Et vous, savez-vous comme on nomme
Et cette femme et ce bonhomme?

TOUS

Pour êtr' bien informé
Vous ne pouviez mieux faire,
Ces gens, la chose est claire,
Ces sont les Lenglumé.

RATINET

Vous voyez bien, c'est Lenglumé.

PONTAILLAC, PAMÉLA, CLÉMENTINE

Mais, monsieur le notaire...

MOREAU, entrant, il est un peu gris.

Quand à diner on a bien bu,
Ba, be, bi, be, bi, bo, bu.

CLÉMENTINE

Moreau va nous tirer d'affaire.

PONTAILLAC, se campant devant lui.

Quel est mon nom?

MOREAU

Ton nom, l'enflé,
Eh bien ! parbleu, c'est Lenglumé !

CLÉMENTINE

Je vois bien ce qui le déroute,
Ce sont ces deux favoris-là !

(Elle les lui enlève.)

RATINET, ahuri.

Des postich's, plus dé doute !

CLÉMENTINE, à Moreau.

N'est-ce pas que c'est lui, papa?

MOREAU, titubant.

Pour être bien informé.
Vous ne pouviez mieux faire.
C'lui-là, la chose est claire,
C'est...

PONTAILLAC, PAMÉLA, CLÉMENTINE

C'est ?

MOREAU

C'est Lenglumé.

TOUS

Lenglumé.
Ce cher notaire,
Est, je l'espère,
Bien informé.
(Midi sonne.)

RATINET

Midi ! les délais sont passés;
Dites à Pontaillac, à ce bon gentilhomme,
Qu'il a perdu la forte somme,
Les deux millions lui passent sous le nez !

PONTAILLAC, PAMÉLA, tombant accablés chacun sur une chaise.

Les deux millions nous passent sous le nez.

GUSTAVE et CLÉMENNINE, à part.

(Parlé.)
Bah ! quand on s'aime !
(Se prenant la main et s'avançant à l'avant-scène.
Ce n'est pas la richesse
Qui fait les beaux jours
De la jeunesse,
Ce n'est pas la richesse,
Mais c'est les amours !

RATINET, parlé.

Je n'ai pas dit mon dernier mot.

TOUS, chantant.

Ce n'est pas la richesse, etc.

RIDEAU

ACTE TROISIÈME

SCÈNE PREMIÈRE

NARCISSE, MARIETTE, Femmes de chambre, Valets de chambre, puis PONTAILLAC, PAMÉLA, CLÉMENTINE et GUSTAVE

Chœur.

Le maître
En ces lieux va paraître,
Frottons, époussetons
Parquets et plafonds,
Nettoyons
Et tâchons
De ne rien omettre. (bis)
Le maître
En ces lieux va paraître.

(On sonne.)

On sonne, c'est lui !
Le voici !

(Entrent Pontaillac, Paméla, Clémentine et Gustave. Tous s'inclinent Pontaillac les congédie d'un geste. Ils sortent.)

Quatuor de la dèche.

PONTAILLAC, PAMÉLA, CLÉMENTINE, GUSTAVE

Ah ! c'est la panade,
La dégringolade ;
Dans la limonade
Hélas ! nous voilà !
La chose arriva
Ah ! Ah !

Quand midi sonna,
                    Ah!
Oui, c'est la panade,
                    Etc.
Pour nous quelle chute,
Ironique sort.
Faire la culbute
En touchant au port!

GUSTAVE

Amis, c'est en ayant de la philosophie
Que l'homme se retrempe et peut, d'un cœur léger
Supporter bravement les ennuis de la vie,
Qu'il faut d'un bon côté toujours envisager...
          Se désoler, quelle folie !
Amis, c'est en ayant de la philosophie
Qu'on peut envisager les soucis de la vie
          Avec un cœur léger !

PONTAILLAC

Ce bon Gustave a des mots consolants.

PAMÉLA

Et puis il a ses vingt-cinq mille francs !

GUSTAVE

N'y comptons plus, car ma marraine,
Que mon départ a mise en peine,
          Les supprima...

PONTAILLAC

Que dit-il là !

TOUS, avec abattement.

Oh ! c'est la panade,
La dégringolade ;
Dans la limonade,
Hélas ! nous voilà !
La chose arriva
Quand midi sonna
          Ah !

Oui, c'est la panade,
La dégringolade, etc.

GUSTAVE

Et voilà pourquoi, ma cousine, je n'ai pas voulu vous quitter dans cette situation critique.

PONTAILLAC

Critique ! Tu y as contribué... Si tu n'avais pas soutenu si sottement...

PAMÉLA

Que nous étions les Lenglumé.

CLÉMENTINE

Dame! maman, il ne savait pas !

GUSTAVE

Devant tout vos clients j'ai cru bien faire.

PONTAILLAC

Oui, et maintenant résumons la situation.

PAMÉLA

Elle est claire, la situation.

PONTAILLAC

Nous sommes ruinés, qu'est-ce que nous allons faire ?

GUSTAVE

Quitter Paris et retourner à Corbeil, on ne s'y ennuyait pas autrefois... avant votre héritage... nous ferons comme autrefois...

PONTAILLAC

C'est bientôt dit... Et de l'argent? car, enfin, c'est honteux de le confesser... mais moi, le baron de Pontaillac.

PAMÉLA

A qui toute une nuée de serviteurs vient de souhaiter la bienvenue

PONTAILLAC

Savez-vous ce que j'ai en poche? (Se fouillant.) Six francs.

PAMÉLA, se fouillant, à Clémentine.

Et ta noble mère six francs cinquante... à peine de quoi payer notre voyage jusqu'à Juvisy en troisième.

CLÉMENTINE

Seulement, moi, la petite servante du *Lapin sauté*, j'ai des économies.

PONTAILLAC

Des économies!

GUSTAVE, montrant un petit tronc comme il y en a dans les cafés.

C'est moi qui les garde .. les économies... (Le faisant sonner.) Il doit y avoir bien près de trois cents francs là-dedans.

CLÉMENTINE

Mes pourboires!

GUSTAVE

Avec votre fonds de caisse à tous les deux... ça fait 312 fr. 50. Il y a de quoi se retourner.

PONTAILLAC, avec amertume.

312 fr. 50... un homme qui devrait avoir deux millions à l'heure qu'il est... Aussi, voyez-vous, au point où nous en sommes, il n'y a qu'un parti à prendre pour l'homme de cœur, et je le prends. (Il va vers le fond.)

PAMÉLA

Où vas-tu?

PONTAILLAC

Moi! (Sombre.) Je vais flâner du côté de la Seine.

PAMÉLA, le retenant.

Saturnin!

CLÉMENTINE, le retenant.

Papa!

GUSTAVE, le retenant.

Mon oncle !

(Les trois exclamations simultanément.)

CLÉMENTINE

Tu ne feras pas ça !

PONTAILLAC

Si, en se promenant sur les quais, on a quelquefois des idées... Je trouverai peut être le parti à prendre.

PAMÉLA

Tu me rassures... je croyais.

PONTAILLAC

Nous n'avons, si le hasard ne nous vient pas en aide, qu'une planche de salut.

PAMÉLA

Et cette planche ?

PONTAILLAC

C'est les des Accacias.

CLÉMENTINE

Oh ! si tu comptes sur eux maintenant.

PONTAILLAC

Mais oui... j'y compte...

PAMÉLA

Gontran t'aime.

GUSTAVE

Ou il aimait sa dot.

PONTAILLAC

Il est riche, c'est lui qui redorera le blason des barons de Pontaillac.

CLÉMENTINE

S'il n'a pas d'autre doreur.

GUSTAVE

Il ne sera pas brillant, le blason.

PAMÉLA, à Gustave et à Clémentine.

Mais vous êtes là à jaser, il faut porter ces valises dans vos chambres.

CLÉMENTINE, ouvrant l'une des valises.

Attendez que je sorte l'oncle Célestin.

PONTAILLAC

Tu avais bien besoin de rapporter cet oiseau-là !

CLÉMENTINE, elle sort le buste de Célestin de la valise.

Vous le détestez... ce n'est pas une raison pour que je ne l'aime pas, moi. (Elle pose le buste sur la cheminée.)

GUSTAVE, gaiement.

Allons ! Et demain en route pour Corbeil.

(Clémentine sort par la droite et Gustave par la gauche portant chacun une valise.)

SCÈNE II

PONTAILLAC, PAMELA, puis DES ACCACIAS,
Madame DES ACCACIAS, GONTRAN

PONTAILLAC

Décidément, notre fille ne comprendra jamais le prix d'une alliance avec la noblesse.

PAMÉLA

Je t'avoue que je commence à penser comme elle.

PONTAILLAC, avec dédain.

On voit bien que tu n'es pas née... Moi, plus je suis tombé bas plus j'aspire au faîte, tel l'aigle blessé qui ne quitte pas du regard les cimes escarpées.

PAMÉLA, avec pitié.

Tu n'es pas un aigle.

PONTAILLAC

C'est la faute des circonstances.

(Narcisse entre et porte des cartes sur un plateau.)

PONTAILLAC, les prenant.

Les des Accacias !

PAMÉLA

Déjà ! Mazette ! ils n'ont pas perdu de temps !

PONTAILLAC, à Narcisse.

Faites entrer !

(Entrent les des Accacias. Narcisse sort.)

DES ACCACIAS, entrant.

Et comment va, baron ?

MADAME DES ACCACIAS

Cette chère baronne !

GONTRAN, saluant.

Baron... Baronne...

MADAME DES ACCACIAS

Savez-vous que ce voyage en Suisse vous a réussi à merveille.

PAMÉLA, goguenarde.

Comme le vôtre en Italie... Comtesse.

DES ACCACIAS

Quel pays, baron, que l'Italie en général.

MADAME DES ACCACIAS

Et Naples en particulier.

GONTRAN

Oh ! Naples... l'idéal... un rêve.

PAMÉLA, bas au baron.

Ils en ont un toupet !

PONTAILLAC, goguenard.

Mais vous ne nous parlez pas de Monte-Carlo.

DES ACCACIAS

Ah! Monte-Carlo ! (A part.) Il s'agit de parler de Monte-Carlo à présent.

MADAME DES ACCACIAS, bas.

Heureusement que nous avons appris par cœur.

DES ACCACIAS, bas à Mme des Accacias.

Si je me trompe, souffle-moi. (Haut, récitant, comme s'il parlait naturellement.) Monte-Carlo, petite ville à un kilomètre de Monaco, principauté minuscule sur la côte ligurienne de la Méditerranée, par 43 degrés 44 de latitude nord et 5 degrés 6 de longitude est.

PONTAILLAC, à part.

Il me semble que j'ai lu ça quelque part.

DES ACCACIAS, récitant.

L'origine de cette ville remonte à la plus haute antiquité, les historiens Denys d'Halicarnasse et Théodore de Sicile...

MADAME DES ACCACIAS, bas.

Non Diodore...

DES ACCACIAS, bas.

Continue, si tu te rappelles mieux que moi.

MADAME DES ACCACIAS, récitant.

Denys d'Halicarnasse et Diodore de Sicile affirment

qu'elle fut fondée par Hercule allant combattre Gérigon...
Plus tard nous voyons apparaître la dynastie des Grimaldi,
des Boucicault.

PAMÉLA, étonnée.

Les Boucicault!... je connais ça !

MADAME DES ACCACIAS

Et l'illustre maquignon...

GONTRAN, bas.

Non Matignon...

MADAME DES ACCACIAS, bas.

Tu crois?... Continue, si tu te rappelles mieux que moi.

GONTRAN

Et l'illustre Matignon qui fut créé duc de Valentinois,
puis viennent Honoré IV, Honoré V, Florestan Ier et
Monsieur Blanc, qui établit le célèbre jeu de la roulette.

MADAME DES ACCACIAS, même jeu.

Composé de trente-six numéros.

GONTRAN

Des numéros, rouges ou noirs; pairs et impairs, pleins
ou à cheval, passe et manque... Voilà ce que c'est que
Monte-Carlo.

PONTAILLAC

Vous n'avez pas dû vous ennuyer une minute !

PAMÉLA

On sent que vous connaissez le pays à fond.

DES ACCACIAS

Comme ma poche.

PONTAILLAC, à part.

Sa poche ! S'il connaissait la mienne !

DES ACCACIAS

Mais vous-même, baron, ce voyage sur les montagnes ?

PONTAILLAC, embarrassé.

Pas mal, seulement nous n'avons pas vu grand'chose.

PAMÉLA

Vous savez... en Suisse on est toujours si haut que les
objets se rapetissent... se rapetissent...

PONTAILLAC

On finit par ne plus rien voir du tout.

PAMÉLA

C'est ce qui nous est arrivé, nous n'avons rien vu du
tout.

PONTAILLAC

Ce qui fait qu'il nous serait assez difficile de vous dire
nos impressions de voyage.

DES ACCACIAS

Pourtant, le Mont-Blanc...

PONTAILLAC, dédaigneux.

Oui... je ne vous dis pas ça... c'est gentil .. mais enfin
toujours du blanc, toujours du blanc...

PAMÉLA

C'est bien monotone.

PONTAILLAC

On finit par s'en lasser...

DES ACCACIAS

Dites-moi, vous donnez toujours un million à votre fille,
n'est-ce pas?

PONTAILLAC, avec embarras.

Un million... un million... c'est peut-être un peu beaucoup.

GONTRAN, à des Accacias.

Il est plus rat que je ne pensais.

MADAME DES ACCACIAS

Enfin, en chiffres ronds, qu'apporte la future?

PONTAILLAC, embarrassé.

Je ne sais pas au juste, je vais consulter ma fille.

LES DES ACCACIAS, étonnés.

Comment?

PAMÉLA

Justement, la voici!
(Tout le monde se lève.)

SCÈNE III

LES MÊMES, CLÉMENTINE, GUSTAVE

CLÉMENTINE, rentrant.

Papa! Papa! (Apercevant les des Accacias.) Oh!

LES DES ACCACIAS, se levant avec cérémonie.

Mademoiselle!

CLÉMENTINE

Madame... messieurs...

GUSTAVE, entrant de gauche.

Les malles sont défaites. (A part.) Eux déjà! (Il salue.)

DES ACCACIAS, froidement, à Gustave.

Monsieur...

GONTRAN, à part.

Décidément, il ne les lâche pas le cousin.

PONTAILLAC

Fillette, tu arrives bien, nous causions du contrat.

CLÉMENTINE

Ah!

DES ACCACIAS

Nous parlions de la dot!

GUSTAVE, à part.

Naturellement.

GONTRAN

Et monsieur votre papa avait un petit renseignement à vous demander.

CLÉMENTINE

A moi?

PONTAILLAC

Oui, nous causions du chiffre de ta dot... (Bas à Clémentine.) Dis-moi, qu'est-ce que tu as donc de pourboires dans ta tirelire?

CLÉMENTINE, bas.

Dame! (Bas à Gustave.) Combien y a-t-il dans ma tirelire, mon cousin?

GUSTAVE, bas.

325 fr. 75 et une pièce roumaine.

CLÉMENTINE, bas

325 fr. 75.

PONTAILLAC, bas.

Bien. (Haut, aux des Accacias.) Je sais qu'il y a des gens qui trompent les familles.

CLÉMENTINE, à part.

Qu'est-ce qu'il va dire?

GUSTAVE, à part.

Ah çà! est-ce qu'il va leur proposer les 325 fr. 75?

PONTAILLAC

Ces parents...

PAMÉLA

Ce n'est pas nous.

DES ACCACIAS, *gracieux.*

Nous en sommes sûrs.

MADAME DES ACCACIAS

Mais enfin...

GONTRAN

Que donnez-vous?

PONTAILLAC

Nous donnons...

GUSTAVE, *à part.*

Gare là-dessous!

PONTAILLAC, *à part.*

Je ne puis pas leur dire ça tout de suite... comme ça.

LES TROIS DES ACCACIAS, *anxieux.*

Vous donnez?

PONTAILLAC

Nous donnons tout ce que nous avons.

DES ACCACIAS, *gracieux.*

C'est trop!

CLÉMENTINE, *à part.*

Où veut-il en venir?

PONTAILLAC

Je donne...

LES DES ACCACIAS

Un million?

PONTAILLAC

Non.

MADAME DES ACCACIAS

Neuf cent mille francs?

PONTAILLAC

Non.

GONTRAN

Huit cent mille francs?

CLÉMENTINE

Rabattez, vicomte, rabattez.

DES ACCACIAS, inquiet.

Six cent... cinq cent mille francs alors?

GUSTAVE, à part.

Ils n'y sont pas du tout.

PONTAILLAC, timidement.

Pas tout à fait.

MADAME DES ACCACIAS, se levant avec dédain.

Moins de cinq cent mille francs?...

PAMÉLA

Les temps sont si durs.

GONTRAN, se levant.

Je vois ce que c'est. (Furieux.) Quatre cent mille francs!
Trois cent mille francs!... Deux cent mille francs! Vous
ne donnez pas plus de deux cent mille francs! et vous
avez cru que nous accepterions ce chiffre ridicule!

DES ACCACIAS, se levant.

Dérisoire!

MADAME DES ACCACIAS

Inouï!

CLÉMENTINE, à part.

S'ils savaient qu'on voulait leur offrir 325 fr. 75.

DES ACCACIAS, avec dignité.

Vous vous êtes trompés, nous n'acceptons pas une sem-
blable plaisanterie.

PONTAILLAC, embarrassé.

Mais, mes chers amis... ce n'est pas une plaisanterie.

GUSTAVE, bas à Clémentine.

Ce que leur nez s'allonge.

CLÉMENTINE, bas.

On dirait une trompe !

PONTAILLAC

Croyez que nous regrettons...

PAMÉLA

Et qu'une autre fois.

DES ACCACIAS, vexé, très sec.

Pardon ! On n'agit pas comme cela.

MADAME DES ACCACIAS

Nous comptions sur ce mariage.

GUSTAVE, à part.

Parbleu !

DES ACCACIAS

Nous avions pris des engagements.

MADAME DES ACCACIAS

Nous avions en vue une petite maison de campagne.

GONTRAN

Je comptais sur la dot pour payer quelques petites dettes de jeu.

DES ACCACIAS

Et tout à coup, sans crier gare...

MADAME DES ACCACIAS

Vous nous dites avec désinvolture : « Nous sommes ruinés. »

DES ACCACIAS, dédaigneux.

On n'agit pas, en vérité, avec plus de sans-façon.

GONTRAN, dédaigneux.

Et l'on reconnaît bien là la manière de faire de la gentilhommerie campagnarde.

PAMÉLA et CLÉMENTINE, étonnées.

Hein !

GUSTAVE, à Clémentine, bas.

Non, mais ils sont étonnants !

CLÉMENTINE, bas à Gustave.

Ils sont à peindre à l'huile.

PONTAILLAC, avec indulgence, bas à Paméla et à Clémentine.

Ils exagèrent... mais ils sont dans le vrai.

DES ACCACIAS, descendant.

Je ne crains pas de le dire... ce n'est pas délicat !

MADAME DES ACCACIAS, même jeu.

Pas délicat ! Dites que c'est un abus de confiance !

GUSTAVE, PAMÉLA et CLÉMENTINE, outrés.

Abus de confiance !

PONTAILLAC, les calmant.

Du calme ! entre gens du monde on se doit des égards.

PAMÉLA, aux des Accacias.

Mais... saperlipopette !

GUSTAVE

On ne vous avait pas dit de faire des dettes.

GONTRAN

On ne vous parle pas, à vous.

DES ACCACIAS, même jeu.

Vous deviez supposer que si nous consentions à marier
le vicomte des Accacias à Mademoiselle (Goguenard.) de Pontaillac...

CLÉMENTINE, à part.

Mon tour, attention !

GONTRAN, même jeu.

Ce n'était pas pour ses beaux yeux.

CLÉMENTINE, à part.

Attends, mon bonhomme.

MADAME DES ACCACIAS

Gontran épouser sans fortune une petite mijaurée.

PAMÉLA, furieuse.

Mijaurée ! ma fille !

GUSTAVE, furieux.

Ma cousine !

PONTAILLAC, cherchant à les calmer.

C'est excessif... mais restons gens du monde.

CLÉMENTINE, furieuse.

Je vais leur dire ce que je pense.

PONTAILLAC, à part.

Pourvu qu'elle s'exprime avec modération.

CLÉMENTINE, très nerveuse, mais d'un ton d'abord contenu.

A moi le répertoire du *Lapin sauté !*

I

Eh ! quoi, c'est ça dont j'allais fair' l'emplette,
J'vous demande un peu
C'qu'on peut en fair', bon Dieu !
Au jeu d'massacre on s'paierait bien sa tête,
Tiens ! Tiens ! Ça s'rait vraiment
Un bon plac'ment.
A deux sous l'coup certain'ment,
On pourrait rentrer dans son argent,
Deux sous l'coup vraiment,
On est sûr de rentrer dans son argent.

II

Et sans compter qu'dans sa noble famille
P't'être qu'on pourrait
Trouver le jeu complet,
Car son papa n'a pas une moins bonn' bille ;
Il reste à sa maman
Bien de l'agrément !
A deux sous l'coup certainement, etc.

LES DES ACCACIAS

Un tel langage !

MADAME DES ACCACIAS

Venez, comte.

CLÉMENTINE, avec éclat.

Comte des mille et une nuits !...

PONTAILLAC, aux abois, bas à Clémentine.

Veux-tu te taire ! (Haut.) Mes chers amis... **Excusez !**

PAMÉLA, à part.

Ma foi, tant pis ! qu'ils filent !

DES ACCACIAS

Nous quittons cette maison.

MADAME DES ACCACIAS

Pour n'y jamais revenir.

GONTRAN

Ça sent trop la province !

DES ACCACIAS

Vous n'êtes que des pannés !

LES ACCACIAS

Pouah ! Pouah !

CLÉMENTINE

Oui, bon voyage.

GUSTAVE

Et bien des choses chez vous !
(Les des Accacias sortent.)

SCÈNE IV

PONTAILLAC, PAMÉLA, CLÉMENTINE, GUSTAVE

CLÉMENTINE

Des pannés !... il a dit que nous étions des pannés !

PAMÉLA, à Pontaillac.

Eh bien ! tu le vois, ils n'en voulaient qu'à notre argent !

PONTAILLAC

Vous vous êtes tous entendus pour arriver à vos fins !

PAMÉLA

Quelles fins !

PONTAILLAC

Vous les avez malmenés... insultés...

GUSTAVE

C'est trop fort !

CLÉMENTINE

Ce sont eux au contraire qui...

PONTAILLAC

Assez ! tout ça, c'est pour épouser ton Gustave !

GUSTAVE

Dame ! après tout ! je vaux bien votre arbre...

PONTAILLAC

Quel arbre ?

GUSTAVE

Votre acacia, quoi !

PONTAILLAC

C'est lui qu'elle épousera cependant.

CLÉMENTINE, se montrant.

Non, je ne l'épouserai pas !

PONTAILLAC

Alors, tu coifferas sainte Catherine.

GUSTAVE, avec rage.

Non, elle ne la coiffera pas... Ah ! je suis monté, moi, à la fin.

PONTAILLAC

D'ailleurs j'en ai assez et je le flanque à la porte, ton Gustave.

GUSTAVE

Ça m'est égal, je rentrerai par la fenêtre.

PONTAILLAC

C'est ce que nous verrons ; je vais le faire jeter dehors par mes gens.

GUSTAVE

Je leur débinerai la situation et ils ne flanqueront rien du tout à la porte, vos gens.

PONTAILLAC

C'est ce que nous verrons...

PAMÉLA, le calmant.

Mais, mon ami...

PONTAILLAC, furieux.

Je ne suis même plus maître chez moi ! Et tout ça par la faute de cet affreux Célestin qui s'est joué de nous ! (Montrant le buste.) Tenez, le voilà avec son sourire méphistophélique !... Il a l'air de rire de ma déconfiture !... Attends, vieux scélérat, je vais te faire rire, moi ! (Il prend le buste.)

PAMÉLA

Ah ! mon Dieu ! Il va le jeter par la fenêtre...

PONTAILLAC

Eh bien, oui, je vais le jeter.

La voix de MOREAU, au dehors, avec un cri.

Ah ! cré mâtin !

TOUS

Qu'est-ce que c'est ?

PONTAILLAC, regardant.

Sapristi ! J'ai assommé un homme !

LES AUTRES

Ah ! mon Dieu !

TOUS, voyant Moreau qui entre.

Monsieur Moreau ! ! !

SCÈNE V

LES MÊMES, MOREAU

MOREAU, entrant par le fond, son chapeau écrasé sur la tête, couvert de poussière blanche.

Vous ne pourriez pas faire attention !.. Quand vous jetez Célestin par la fenêtre, vous devriez au moins crier : Gare là-dessous !

PAMÉLA

Vous n'avez rien de cassé ?

MOREAU

Rien du tout, patronne... (Se reprenant.) Pardon... excuse... madame la baronne...

PAMÉLA

Oh ! avec moi, mon vieux Moreau, vous pouvez y aller carrément... j'en ai assez de la noblesse. Réservez ça pour mon vieux paon de mari !

PONTAILLAC, vexé.

Madame !

CLÉMENTINE, à Moreau.

Vous n'avez besoin de rien, monsieur Moreau ?

GUSTAVE

Vous devez être un peu ému.

MOREAU

Merci, mes enfants, vous êtes bien gentils...

PAMÉLA

Mais comment diable vous trouviez-vous là quand ce malheureux Célestin vous est tombé sur la tête ?

MOREAU

V'là la chose. J'avais appris chez le notaire l'affaire du *Lapin sauté,* votre débâcle et tout le tremblement... et je venais vous apporter quéques consolations... quand tout à coup... patatras !... sur le couvre-chef !... Je me débrouille comme je peux au milieu d'un nuage de poussière !... je ramasse mon galurin... (Se reprenant.) Pardon... excuse... mame la baronne.

PAMÉLA

Allez-y donc, que je vous dis... Vous ramassez votre galurin...

MOREAU, à Pontaillac.

Je ramasse mon galurin... quand j'aperçois au milieu des platras... quoi ?... une lettre.

TOUS

Une lettre ?

MOREAU

Ça m'ouvre les idées tout à coup... et je me rappelle que Célestin m'avait dit, un jour, entre deux verres, qu'il avait mis une lettre là-dedans.

PONTAILLAC, avec inquiétude.

Une lettre... donnez vite !

MOREAU

Pardon... excuse... pas à toi, mon fiston... elle est adressée à mamzelle Clémentine...

TOUS

A Clémentine?

MOREAU

Et à elle toute seule... encore... c'est noté sur l'enveloppe.

TOUS

Que signifie?

MOREAU, donnant la lettre à Clémentine.

V'là la chose...

CLÉMENTINE, hésitant à la prendre.

Mais...

PONTAILLAC, vexé.

Une lettre adressée à ma fille?

PAMÉLA

Eh bien! quoi! tu ne vas pas faire de manières, Saturnin!

MOREAU

Ça serait malheureux si une nièce pouvait pas lire une lettre d'un vieil oncle comme Célestin...

PAMÉLA, à Clémentine.

Vas-y, ma fille... et vivement.

PONTAILLAC

Soit.

GUSTAVE

Qu'est-ce qu'il peut y avoir là-dedans?

CLÉMENTINE, lisant à part.

« Ma chère petite Clémentine, ceci est un codicile à mon « testament. Toi seule, de mon vivant, n'a pas fait fi de

« ton pauvre oncle Célestin ; il est probable que toi seule
« réclameras le buste de celui qui fut ton meilleur ami
« en ce monde. Toi seule en prendras soin, et toi seule,
« par conséquent, as des chances de retrouver cette lettre.
« Tu as toujours été bonne, et il n'est pas juste que tu
« pâtisses de la vanité de tes parents. S'ils refusaient
« d'accomplir ma dernière volonté, ou s'ils ne l'accom-
« plissaient pas jusqu'au bout, ma fortune t'appartiendra
« en totalité. Adieu, ma petite Clémentine, continue d'être
« généreuse et simple et pense quelquefois au pauvre
« oncle Célestin... »

TOUS

Eh bien ?

CLÉMENTINE, avec émotion.

Eh bien ! Il ne faut plus en dire de mal de ce pauvre
oncle ! Il nous aimait bien, allez !..

MOREAU

Qu'est-ce qu'il dit ?

CLÉMENTINE

Il dit : Je fus toute ma vie,
Bien seul en mon obscurité,
Pour les miens n'ayant qu'une envie :
Assurer leur félicité !
Qu'ils rougissent de moi maintenant, patience !
Un jour mes millions combleront la distance !
Il nous aimait, c'est bien certain,
Notre bon oncle Célestin !

PONTAILLAC, PAMÉLA, GUSTAVE, ensemble.

Célestin !

CLÉMENTINE

En échange de sa richesse,
Ne voulant qu'un peu de tendresse,
Il nous aimait, c'est bien certain,
Notre bon oncle Célestin !

MOREAU

Enfin, quoi qu'il a décidé, l'oncle Célestin ?

CLÉMENTINE, avec embarras.

Voilà !.. Il trouve que vous avez peut-être été un peu... orgueilleux !

PAMÉLA, avec explosion.

Un peu ! Il est modeste !

PONTAILLAC

Il est de fait que...

CLÉMENTINE

Et qu'il est probable que vous ne voudrez pas vous soumettre à ses dernières volontés.

PONTAILLAC, vivement.

Pourtant... c'est ce que nous avons fait ! On l'aurait constaté sans la malencontreuse circonstance...

CLÉMENTINE

Il ajoute... vous ne vous fâcherez pas, papa ?

PONTAILLAC, anxieux.

Mais non... parle !

CLÉMENTINE

Il ajoute qu'il n'est pas juste qu'une autre pâtisse de vos fautes.

PONTAILLAC, ému et joyeux.

Et cette autre ?

TOUS, anxieux.

C'est ?...

CLÉMENTINE, joyeusement.

Vous l'avez bien deviné ! sa petite nièce Clémentine !

TOUS, pleurant d'attendrissement.

Oh ! le brave cœur !

PONTAILLAC, résolument.

Lui en vouloir !.. à un homme qui fait le bonheur de

ma fille ! (il l'embrasse.) Il t'a donné sa fortune... mais il m'a donné une leçon... j'y gagne encore ! Tu avais raison, Paméla, je n'étais qu'un paon... mais me voilà corrigé... Retournons à notre étude !

GUSTAVE

Où je vous suivrai, mon oncle.

MOREAU

Comment ? Et Clémentine ?

CLÉMENTINE

Je comprends bien, moi ! Gustave n'ose plus m'épouser, parce que je suis trop riche... mais...

NARCISSE, entrant et annonçant.

M. le comte des Accacias.

MOREAU

Des Accacias, ces poseurs ! Faut leur payer une goutte !

PONTAILLAC, à Gustave et à Clémentine.

Nous allons régler ça, mais laissez-nous les recevoir

PAMÉLA

Il faut leur donner leur paquet !

SCÈNE VI

LES MÊMES, DES ACCACIAS, Mme DES ACCACIAS, GONTRAN

DES ACCACIAS, obséquieux.

Nous avons réfléchi.

MADAME DES ACCACIAS

Nous acceptons les deux cent mille francs. (A Gontran.) Ça vaut mieux que de laisser vendre nos meubles.

GONTRAN, haut.

Je ne peux décidément pas mè passer de votre fille.

TOUS

Trop nonorés!

PONTAILLAC

Deux cent mille francs! Nous donnons mieux que ça!

DES ACCACIAS, alléché.

Vous donnez trois cent mille francs?

PAMÉLA

Mieux que ça !

MADAME DES ACCACIAS

Quatre cent mille francs?

CLÉMENTINE

Mieux que ça !

GONTRAN, avec joie.

Cinq cent mille francs?

MOREAU

Mieux que ça!

PONTAILLAC

Oui, mieux que ça ! Deux millions ! Nous donnons deux millions à Clémentine !

LES DES ACCACIAS, sautant de joie.

Deux millions!

MOREAU

Ce n'est pas de la petite bière, ça, hein, mes fistons.

PONTAILLAC

Seulement...

LES DES ACCACIAS

Il y a un seulement?

MOREAU

Oui, il y a un seulement !

PONTAILLAC

C'est Gustave qu'elle épouse.

LES DES ACCACIAS

Hein ?

MOREAU

Ça vous la coupe, ça !

CLÉMENTINE, à Gustave.

Voudrez-vous me faire l'affront de me refuser, mon cousin ?

GUSTAVE

Certes non, mais...

MOREAU

Va, mon garçon, fais-toi une douce violence ! Epouse-la avec ses millions... Faut jamais se plaindre que la mariée soit trop belle !

GUSTAVE, embrassant Clémentine.

Ma Clémentine !

PONTAILLAC

On fera la noce au Point-du-Jour, au *Lapin sauté*.

LES DES ACCACIAS, à part.

Qu'est-ce qu'ils disent ?

PONTAILLAC

Si la noble famille des Accacias veut bien y revenir...

DES ACCACIAS, étonné.

Comment, y revenir ?

PONTAILLAC, saluant et prenant l'accent du deuxième acte.

Les Lenglumé seront enchantés de les recevoir.

CLÉMENTINE, accent normand.

Ainsi que les petits Cauchois !

DES ACCACIAS, à part.

Eux ! C'étaient eux !

GONTRAN, à part.

Nous sommes roulés !

CLÉMENTINE, au public.

Comm' Langlois, entre nous,
J'voudrais bien, voyez-vous,
Vous prier sans façon
D'nous faire un' petit' commission ;
Dit's aux amis d'main soir
Comm' vous de v'nir nous voir.
Ah ! quelle chance !
Si comm' je l' pense
Vous comblez notre espoir !
Auteurs de la pièce,
Musicien, directeur ainsi qu' les acteurs,
Tous ceux qu'intéresse
Un succès qui dépend de vos bravos flatteurs,
Nous vous f'sons la d'mande
D'un bravo, qu'on l'entende,
Ce bruit charmant
On l'aim' tant (*bis*)
C'est'i bon Dieu possibl' vraiment qu'on l'aim' tant !

TOUS, reprise ensemble.

Nous vous f'sons la d'mande, etc.

FIN

A LA MÊME LIBRAIRIE

IMPRIMERIE GÉNÉRALE DE CHATILLON-S-SEINE. — PICHAT ET PEPIN